書山有路勤為徑
學海無涯苦作舟

書山有路勤為徑
學海無涯苦作舟

當聰明的男人遇上聰明的女人，結果等於製造了一場戰爭；
當傻的男人遇上傻女人，結果等於製造了一場緋聞；
當聰明的男人遇上裝傻的女人，結果卻製造了一生一世的幸福。

聰明女人會裝傻

柔化◎編著

裝傻不是真傻，
是為了一生一世的幸福

前言

可能是語言發展太快或者是人類思想進步太快，不知從何時起，愈來愈多的人認為，「傻」字如果用在女人身上，似乎更有它的巧妙之處。的確，被慈愛的父母用食指點著頭說「傻丫頭」，或者猛然間被愛人揉亂頭髮，然後聽到一句「傻老婆」……簡單的一個「傻」字卻總能表現出無限的寵愛，讓女人一直甜到心裡。正是這種甜蜜的幸福感使愈來愈多的聰明女人甘願一直傻下去，永遠做那個被人呵護疼愛的「小傻瓜」。

在這個世界上，男人本來應該是男人，女人本來應該是女人——男人陽剛，女人溫柔；男人高大，女人嬌小；男人雄健，女人嫵媚……然而在現實中，很多女人愈來愈獨立強悍，在許多方面與男人愈來愈接近，使得男人們賴以展示雄風的舞台愈來愈小。

在男人和女人組成的社會中，我們必須正視男女性別上的差異。作為女人，我們不能忽視男人與生俱來的統治欲。所以，我們無須硬扛著女權主義的旗幟，時時處處標榜男女要平等。

人們不是常說「男人靠征服世界來征服女人，女人靠征服男人來征服世界」嗎？所以聰明的女人從來都不會和男人硬碰硬，她們自有一套征服男人的智慧。

有一個男人在兩個聰明漂亮的女人中間徘徊不定，不知娶誰為妻才好。剛好有一天，兩個女人都來找他。情敵見面，分外眼紅，為了緩和尖銳尷尬的氣氛，男人給了兩個女人一人一份報紙，說：「今天的報紙上有一個特好玩的推理遊戲，妳們不妨看看，就當消磨時間。」

甲女拿到題目後認真思考，不一會兒就得出了結果，還頗為得意，以為自己智商高是個聰明的女人，根本就沒注意到男人臉上酸溜溜的複雜表情。

乙女拿到題目後明明是能做出來的，她卻裝模作樣地苦思冥想，最後向男人撒嬌說自己腦子笨，想不出來，要男人告訴她。於是男人寬容大度、充滿愛憐、十分開心地告訴她這個遊戲是什麼意思，推理的切入點在哪裡等等。乙女又不失時機地誇讚男人：「你好聰明喲！男人就是見多識廣，思路開闊！」

虛榮心得到充分滿足的男人最終選擇了乙女為他的妻子。直到最後，甲女可能也不明白自己的問題究竟出在哪裡。而聰明的乙女心裡自有盤算：「我不愚鈍癡傻，如何能彰顯他的英明神武呢？他不自以為英明神武，如何替我撐起一片沒有委屈的天空呢？」

可見，女人裝傻是以弱勢來麻痺男人，讓男人把妳當成他生命中最柔弱的一部分，好好愛惜，甘心情願地好好保護妳。這種做法「兵不血刃」，既給足了男人尊嚴與臉面，又為自己贏得

前言

了幸福和滿足，可謂一舉兩得。難怪著名網路寫手「早晨的空氣」開玩笑說：「女人學會了裝傻，我們就離男人、女人的和諧社會不遠了！」

裝傻是女人的一種智慧——大智若愚，是一種高明的處世之道。會裝傻的女人是有福氣的。會裝傻的女人懂得什麼時候該撒嬌，什麼時候該示弱，什麼時候該裝裝糊塗，什麼時候該放下某些心結，什麼時候該給男人面子，什麼時候該巧妙地反擊……需要指出的是，裝傻不能做作，不能讓人一眼就看出來了。裝傻要裝得自然，要裝得不漏聲色，要把握好分寸和尺度，這就需要技巧了。

裝傻要有度，要看場合、地點，否則，裝傻就變成了真傻。裝傻是一門學問，也是一門藝術，掌握好了這門藝術，就抓住了幸福之門的鑰匙。《會裝傻的女人最幸福》一書共分七章，分別從不同的側面論述了女人裝傻與愛情、婚姻、家庭、工作的關係和必要性，著重講解了女人裝傻的方式方法，文中充溢著會裝「傻」女人的溫情與幸福。本書語言清新活潑，部分篇幅後邊還點綴有「小測試」趣味性很強的文字，希望大家在閱讀本書的時候有一個開朗的心境！

男人就像風箏，可那根牽引風箏的線就握在妳的手中。妳不必刻意把他拴在身邊，而只須把握好手中的那根線，給他自由的天空，讓他在妳的視線裡飛吧！很多時候，妳那傻傻的笑，傻傻地牽著風箏線的舉動，在男人看來就是最令他著迷的風景！

裝傻不是真傻
是為了一生一世的幸福

女人裝傻，是因為她有愛，
是因為她全心倚賴著她所愛的那個男人。
她把自己的聰明才慧悄悄裝進愛裡面，
一起賦予她心愛的人，情願自己傻一點。
伴隨著他的驕傲而驕傲，那才是她的幸福。

目錄

前言 7

第一篇 聰明的女人會裝傻 19

——悠遊生活，瞇著媚眼裝糊塗

「亂世佳人」郝思嘉樂意裝出一副貌似莊重、溫順且沒有主見的模樣。至於男人們為什麼喜歡這樣，思嘉並不清楚，她只知道這種方法能行得通……她只明白，只要她如此這般地做了說了，男人們便會準確無誤地用如此這般的恭維來回報她。

女人天生會裝傻 20
人類有裝傻的天賦 24
裝傻是戀愛和諧相處的智慧 27
會裝傻的女人崇尚簡單卻不簡單 30
裝傻是一種高明的處世之道 33
不妨用裝傻來維護自己的愛情 37
小糊塗勝過大聰明 42
用裝傻驅散身邊的「蒼蠅」 47

第二篇　聰明女人只在心愛的人面前裝傻　53

——裝傻，為那個值得自己愛的男人

女人裝傻，是因為她有愛，是因為她全心倚賴著她所賦予愛的那個男人。她把自己的聰明悄悄地裝進愛裡面，一起賦予她心愛的人，情願自己傻一點。伴隨著他的驕傲而驕傲，那才是她的幸福。

女人裝傻，為自己心愛的男人　54
讓對方快樂，自己也能獲得更大的快樂　58
傻女人不會在婚姻中計較對錯　62
將情感寓於「傻氣」中表達出來　65
像「傻瓜」一樣只為對方著想，妳會獲得幸福　68
男人願意給傻女人一個溫暖富足的家　72
女人用「癡傻」贏得男人的愛　75

第三篇　女人會裝傻，男人有福氣　83

——女人裝傻是為給男人台階下

女人裝傻的時候，也正是男人最幸福的時候，他們不願面對犀利的女人。她們希望女人睜著美麗的眼睛，即使有所困惑，只需要一個吻、一句誓言、一個承諾便能安撫。因此女人裝傻其實是為了愛，一種以退為進、包容的愛，她們的

目錄

傻，成全了男人的面子與自尊。

女人裝傻是為了成全男人的面子 84
女人裝傻可以讓男人有優越感 88
傻女人讓男人活得更輕鬆 92
傻女人讓男人在外面挺起胸膛做人 96
女人的平靜與安詳是男人永遠的港灣 99
女人的傻是男人生活的調味劑 102
擁有傻女人是男人的福氣 105
傻女人懂得用愛給男人減壓 109
做男人的知己老婆 113
傻女人是「情人和戀人式」的老婆 117
要懂得珍惜眼前的幸福 121

第四篇 女人會裝傻，生活沒煩惱 127
——傻得讓男人心甘情願為妳付出

會裝傻的女人甘居男人之下，她會對愛人說：「老公，我好笨呀！多虧嫁給了聰明的你，不然我都無法養活自己。」聽了這樣的話，男人再苦再累也會心甘情願地拚命賺錢養活她。能把男人哄開心、哄得主動幹家務、哄得心甘情願地

付出的女人，想不幸福都難！
會裝傻的女人有人疼 128
會裝傻的女人知道善待自己 131
做個快樂幸福的傻女人 136
傻女人知足常樂 139
傻女人的婚姻幸福美滿 142
裝傻是一種樂趣 146
能用裝傻換來生活的和睦就是一種聰明 151
女人會裝傻，走遍天下都不怕 155

第五篇　裝傻不是真傻，裝給他看才有意義 163

——無須說破但要讓他知道妳的忍讓、付出

裝傻要裝給他看才有意義，如果他根本不知道妳是在裝傻，而以為妳什麼都不知道，那裝傻就真得變成真傻了！女人裝傻不是真傻，而是大智若愚。否則就不必「裝」了。

洞悉一切但不要說破 164
對男人適當放鬆，才能更好地控制 167

一笑置之讓對方主動坦白 171
對他的過去，「糊塗」比清楚好 175
換一種姿態對待男人的「花心」 179
關注男人的心比管住他的錢包更重要 183
不鑽牛角尖的女人活得更自我 187
女人的裝傻是一種微妙的情感表達 190
傻女人讓婚姻沒有束縛 193

第六篇 會裝傻的女人不當女強人

——太強勢的女人讓男人望而生畏 199

現任美國國務卿賴斯，她才智過人，精明強幹，是國際政壇的風雲人物。賴斯也喜歡過一些她身邊的男人，可是到了談婚論嫁的時候，他們都退縮啦，首先是不敢，然後是覺得自己不配，這讓賴斯很苦惱。她曾經發出這樣的感慨：現在如果有誰願意娶我，我情願做個天天在家裡等老公下班的家庭婦女。工作畢竟是有限的，家庭幸福才是陪伴妳終生的。

強勢的女人會讓男人心生畏懼 200
女人活得太認真會很累 204
裝裝「傻」使對方放鬆警惕 207

女人花男人的錢是享受愛情的甜蜜 211
女人再強也要懂得在男人面前甘居下風 215
傻傻地欣賞男人他會更愛妳 218
女人內心要堅強；外表要柔弱 222
裝傻示弱能讓女人活得更輕鬆 226
聰明女人不讓男人知道她聰明 230
裝傻是人情操縱的一流「功夫」 234

第七篇 別讓裝傻變真傻 243

——過由不及，把握住裝傻的底線

女人裝傻過猶不及，把握不好裝的度，一不小心，變成了真傻，再想回頭，山高水闊，花上百倍功夫也枉然。也有過了頭的，變成矯揉造作，死得雙倍的淒慘。可以說，會裝傻的女人就像斷臂的維納斯，再添一隻胳膊，便不再是真正意義的美神；就像蒙娜麗莎的微笑，嘴巴稍有變形，要麼讓人想入非非，要麼讓人嗤之以鼻。

不妨在小事上裝裝傻 244
給對方一次機會，也給自己一次機會 248
女人裝傻是男人花心的剋星 252

目錄

傻女人能經得起愛的磨合與錘鍊 255
信任男人是傻女人的聰明所在 259
女人的「幼稚無知」能激起男人的愛 262
真正聰明的女人大智若愚 266
女人哄哄男人又何妨？ 269
裝傻就是讓他飛，但要把握好自己手中的線 272

第一篇　聰明的女人會裝傻

——悠遊生活，瞇著媚眼裝糊塗

「亂世佳人」郝思嘉樂意裝出一副貌似莊重、溫順且沒有主見的模樣。至於男人們為什麼喜歡這樣，思嘉並不清楚，她只知道這種方法能行得通……她只明白，只要她如此這般地做了說了，男人們便會準確無誤地用如此這般的恭維來回報她。

女人天生會裝傻

男人總是喜歡女人有一點傻傻的。且不管這個女人在外面是如何能幹，如何風光，當她回到他身邊，躺在他的懷抱裡時，他就希望她像一隻溫柔的小寵物，有沒有大腦並不重要。女人幾乎憑本能就能捕捉到男人的這一特性，所以也會順著男人的意願去裝傻。

女人的一大特點，同時也是一大優點，就是會裝傻。「裝傻」，不是「呆癡、愚昧、傻裡傻氣」，而強調的是一個「裝」字。

裝傻是一種技巧，它不是要女人時時「作假」，如果真是這樣，那就不是裝傻，而是真傻了。裝傻是女人為了達到某種目的，而適時做出的「權宜之計」。

女人會裝傻似乎是天生的，女人不會裝傻就如同不會生孩子一樣。除非她是真傻。當然裝傻的女人總需要幾分聰明，幾分聰明就能裝得幾分傻。三分聰明的女人只能裝得三分傻，絕對沒有十分的形象。

戀愛中的女人喜歡聽對方指著她的鼻子對她說：「妳真傻，妳這個小東西。」

男人總是喜歡女人傻一點，再傻一點。且不管這個女人在外面是如何能幹，如何風光，當她回到他身邊，躺在他的懷抱裡時，他就希望她像一隻溫柔的小寵物，有沒有大腦並不重要。女人幾乎憑本能就能捕捉到男人的這一特性，所以也會順著男人的意願去裝傻。

比如說，自己明明可以做得到的事情，她總是裝著不會做，對男朋友說：「這件事情好麻煩，妳來幫我好不好？如果妳不幫我的話，我一個人肯定應付不了！」

男人喜歡被女人需要，覺得那是一件很幸福的事情，他們總是樂於為他們心愛的女人做任何的事情的。這個時候，女人的傻都是裝出來的，是為了博取愛人的歡心。

很少能看見不裝傻的女人，就像很少看見不聰明的女人一樣。其實裝傻的女人內心什麼都明白，偏偏一臉茫然的神情，隨著男人的話音嘻嘻地笑。即便有時男人會莫名其妙地看她一眼，但這並不妨礙她笑得更加天真無邪。

裝傻的女人會做女人，做女人不是一件簡單的事情，想做一個好女人更是很難的事情。自從盤古開天地，三皇五帝到如今，哪個女子不想好。想做一個好女人，還是要學會裝裝傻。

《紅樓夢》裡釵黛之爭，黛玉斷然是爭不過寶釵的，注定永遠是輸家。雖有木石前盟，能夠心心相印，可惜黛玉不懂得經營，不懂得裝傻，結果不得不以淚洗面。可見，一個不懂得裝傻的女人，聰明得多麼辛苦，就算她不病死，也會很快老死的。

裝傻的女人很是可愛。女人裝傻固有天性使然，與男人的關係也是千絲萬縷的。男人似乎都不喜歡聰明的女人，即使迫不得已從嘴裡說出，心裡卻大不自在。男人那點伎倆經不起聰明眸子的審視。無論男女平等的口號叫得有多響，男人和女人總有點距離，否則上帝造人，便不會有男女之分了。

裝傻的女人很大度，絕對不會像小怨婦似的整日怨氣沖天。因為她們知道，一個怨婦和一個懂得在適當時候「裝傻」的睿智女人在一起，男人絕對不會選擇前者。女人的寬容會令男人有安全感，有時候退讓是為了更好的防守。女人要是不懂得變通，不懂得適當調整自己的心態，只會弄得自己傷痕累累。

沒有必要將男人逼得太緊。小到襪子的顏色，週休日和誰在一起，大到公司的人事安排，事無鉅細，統統在妳的管制範圍。時間久了，男人覺得自己像生活在高壓氧艙裡，心裡的壓力可想而知，產生逆反心理也就不足為怪了。不妨給對方一點空間，每週給他兩天自由活動的時間，不必向妳請示彙報，看看他還會不會深夜徘徊在街頭不想回家。

男人一不小心撒了謊，大可不必刻意去揭穿他，更不用和他拚命，就算妳洞悉一切，妳仍然可以傻傻地笑著說：「我只是擔心妳。」只要讓他知道，妳的潛台詞是「我知道，但我不打算計較」就行了。特別是有外人在場時，妳給他留足了面子，他一定會心存感激，感激妳的包容和庇護，甚至把妳當成分享秘密的另一方。這種唾手可得的甜蜜，何必拒絕？

女人的一生就是在由傻到聰明，再到裝傻真聰明的曲線上跳躍著走過來的。

好萊塢有個明星叫哥蒂韓，塑造的傻女形象深入人心，每次總會逢凶化吉、遇難呈祥、人見人愛，票房愛情兩手抓，又準又狠。茱莉亞・羅伯茲也一樣，動不動就咧開大嘴傻笑，是笑她的片酬總是高居榜首吧？

張曼玉好像也愛演一些「傻」角色，張曼玉的裝傻有目共睹，誰都不敢輕看她，她裝得恰到好處，過了，就不是張曼玉，而是吳君如了。不過吳君如也不錯呀，傻人有傻福，居然釣到了陳可欣，嫁過去之前還順手挾了一隻金像獎，傻出那麼大的成就，讓人瞠目結舌。

話說到這裡，「女為悅己者容」這句老話，如今或許該改成「女為悅己者傻了」。

人類有裝傻的天賦

小孩子在他還不會說話時，就已經懂得弄虛作假趨利避害了。只要他玩得專注，無論大人怎樣叫他，他都會裝聾作啞。只不過，由於後天生活環境的不同，人們對於裝傻修煉的級別和程度有所差異，所以才造成了有人大智若愚、難得糊塗，有人大愚若智、弄巧成拙。

裝傻是人類與生俱來的一種天賦和本能。人們從很小時就開始知道用適時地裝傻，適度地糊塗來趨利避害、明哲保身。

做了媽媽的女人不難發現，孩子在五、六個月大時，雖然還不會說話，但已經能清晰地分辨出大人的臉色和語氣中包含著怎樣的態度，是允許還是反對。小侄女每次「搞壞」的時候，只要妳厲聲喊她的小名，她就會乖乖地住手。在經歷幾次這樣教訓後，她竟然學會了裝傻，無論妳怎樣大聲喊她的名字，她都視而不見、裝聾作啞、全身心對付她手裡正在擺弄的東西。

剛開始，她的小伎倆嚇得家人以為她的聽力出現了問題，還真恐慌了一番，心想，如果再這樣，恐怕要帶到醫院檢查一下了。但很快她媽媽就發現，喊她時她沒動靜，但只要隨便弄出來點聲響，她就立刻抬起頭順著聲音看看究竟發生了什麼。也就是說，還沒學會說話和走路的小屁孩，已經先學會故意裝傻和大人作對了。

只不過，由於後天生活環境的不同，人們對於裝傻修煉的級別和程度有所差異，所以才造成了有人大智若愚、難得糊塗，有人大愚若智、弄巧成拙。

裝傻，不是呆癡、愚昧、傻裡傻氣、裝傻充愣，也不是弄虛作假，不是耍心機、裝城府，更不是真傻，真糊塗。它強調的是一個「裝」字，是揣著明白裝糊塗，是心裡明鏡似的卻不言喻、不點破。這種在特定的時刻為某種需要做出的「裝傻」之舉，實際上是一種有深度和技巧的行為和藝術。

人際交往中的裝傻可以適時地為人遮羞，避免尷尬，也可以給人給己找台階下，留後路走；待人接物中的裝傻可以適時地掩蓋妳的稜角和鋒芒，可以讓妳更加平易近人，也可以更好地與人交流和溝通；個人發展中的裝傻既可以有效地保護自我，又能充分地發揮自己的睿智和才華，養成謙虛禮讓的觀念和美德。

在同事和朋友之間適當的裝裝傻，也會有事半功倍的效果。在梅子的老公出差的日子裡，她老公的一個朋友打電話來，噓寒問暖，語氣曖昧，梅子有所戒備。果不其然，那男的提出要和梅子交「朋友」。梅子既沒氣也沒惱，「咯咯」一笑：「我們已經是朋友了，妳是我老公的朋友，當然就是我的朋友了……今天妳一定是喝多了，淨說些酒話……」然後梅子裝作一個不解風情的傻瓜，隨便找了點藉口掛斷了電話。

在網路中，女人更是可以把裝傻進行到底。對討厭者裝作視而不見、對示愛者裝瘋賣傻、對敵對者挑釁者更是傻之又傻，楞裝聽不懂。在網路上遇到難纏的人，妳不妨主動承認錯誤，把對方的指責照單全收。那種「世界之錯皆為我之錯」的態度，在令對方哭笑不得之餘，也會使其覺得無趣而做出讓步。

倘若這個世界凡事都必須暴露在光天化日之下，讓所有的瑕疵盡顯無遺，必然少了許多修飾的美感和令人想入非非的快感。一個讓誘惑蕩然無存的世界，會很沒勁的。不管怎樣，生活中再累，也不要忘了裝傻。因為裝傻會讓別人快樂、會讓自己感到輕鬆、會讓彼此化解尷尬……反正，該裝的時候就得裝。

當然，裝傻裝得太過火，弄得連老實人都看不過去了，自然要飽嘗「聰明反被聰明誤」之苦。極度虛偽之人，肯定會慘遭抨擊的。

裝傻是戀愛和諧相處的智慧

愛情是不能斤斤計較的。在婚姻和戀愛中，女人沒必要太較真。女人要學會在裝傻中不斷成長，在清醒地認識這個世界的同時，和自己的愛人傻傻地相愛，這樣才能與愛人和諧相處，幸福地生活下去。

戀愛時，男人對清純的女人發誓說：「這世界上只要其他女人有的，我也一定讓妳擁有；其他女人不能得到的，我也一定讓妳得到！」於是女人忘乎所以地閉著眼嫁給了男人。

時光如流水，多年過去了，不要說其他女人沒有得到的男人沒能讓女人得到，就連其他女人擁有的，男人也沒能讓女人全部擁有。一次，男人有意無意地問女人：「難道當初妳不知道這只是永遠的諾言嗎？」女人笑了笑說：「我幹嘛要弄這麼清楚，愛情有時也是清楚不了的呀！」

男人這才明白，女人一點都不傻……

愛情是不能斤斤計較的。在婚姻和戀愛中，女人沒必要太較真。

比如說，在戀人指星星指月亮承諾許願的時候，千萬別真的要求他把月亮摘給妳，或者兌現答應妳的太空蜜月旅行。妳要故作崇拜地看著他的眼睛，裝作自己相信所有的神話和奇蹟的樣子，輕輕地倚在他的身旁，無限憧憬。

戀人不小心在妳面前出糗，比如說錯話、摔跟頭、露怯或者是犯傻，妳要佯裝不知道、沒看見、沒聽清楚或者乾脆沒聽到，以便從容不迫、避實就虛，快速地轉移話題，迅速地移開視線，保留戀人小小的虛榮心和避免隨之而來的尷尬場面。

戀人在朋友們面前吹大牛、誇海口，比如說妳們打算國慶的時候去趟巴黎，順便看個畫展什麼的，妳要表現出無限神往、迫不及待，又要適時地告訴他，自己可能國慶要加班，計畫可能要順延。給他留足顏面的同時，也適時地制止他的漫無邊際和滔滔不絕。

發現戀人撒謊或者口不擇言，比如明明是朋友聚會非要說成公司慶典或者加班，或者因為一件小事開始攻擊妳的家庭環境和教育水準，妳要對他的行為表現出適度地不齒和鄙視，要在時過境遷之後含蓄地提醒他絕不可以再犯。要讓他知道這會讓妳造成傷害，產生妳對他的壞印象，會使妳們的關係產生不必要的裂痕，會逐漸影響妳們之間的親密以及信任。

不管戀人是因為愧疚還是不甘，繼續與自己的前女友藕斷絲連，妳要在旁敲側擊地暗示和警告的同時，就此打住，不要刨根問底、追根究源，要表現出妳的容忍和大度，又要有效地防止他們破鏡重圓、舊情復燃。

裝傻，是在尋求一種調劑生活的休閒方式，是兩人相處的情趣和智慧。當然，有人可不這麼認為，他們覺得女人裝傻是在逃避現實，不是積極面對的態度，既然男女平等，那女人就沒必要裝傻討好男人，夫妻之間該怎麼就怎麼，一定要清清楚楚，眼睛裡進了沙子是絕對不能容忍的，到了這樣的境地再裝傻繼續對他好就是自欺欺人，就是故作姿態，就是粉飾太平，這不是在裝傻而是在裝瞎，所以持這種態度的女人就會高聲爭吵，非要和老公一爭高低，分出個是非曲直來，有人卻因此贏得了婚姻而輸掉了愛。

在婚姻生活裡是不能以是非為界限的，有些事打破沙鍋問到底往往會適得其反，爭吵不是目的，也不是最終結果，什麼事情都弄得一清二楚，那樣的日子真的沒法過，還是難得糊塗的日子更幸福，男人都喜歡女人有一點點傻。

女人要學會在裝傻中不斷成長，在清醒地認識這個世界的同時，和自己的愛人傻傻地相愛，這樣才能與愛人和諧相處，幸福地生活下去。

會裝傻的女人崇尚簡單卻不簡單

男人喜歡女人對自己崇拜、仰慕、順從，但沒有哪個男人會喜歡真正愚笨的女人，所以女人一定得乖巧，要懂得如何掩飾自己的聰明和智慧，又不能讓男人覺得妳真傻。這樣才能一舉兩得，既滿足男人的虛榮心，又讓男人覺得妳有深度。

有人說，裝傻是一種境界，女人的聰明之處就在於她懂得適時裝傻。會裝傻的女人是聰明的女人，即便她意識不到自己的聰明。

會裝傻的女人喜歡簡單，她不願意去思考，更不會節外生枝，把事情複雜化。她經常樂呵呵地笑著，沒有太多的欲望也不會提過分的要求，所以，憂傷和痛苦很少會找上門來。男人覺得這種女人單純可愛，在她面前無須設防，可以活得很輕鬆，所以很願意和她在一起；別的女人雖然覺得她天真的傻氣，但卻無法掩飾內心對這種簡單生活方式的羨慕，順便還會發發感慨：「真是傻人有傻福！」

會裝傻的女人對婚姻保持靜觀其變不動聲色的態度。周圍的人都說她傻，但她笑而不語。曾幾何，男人一直被她的天真和傻氣蒙蔽，甚為放肆。直到有一天，她平靜的說出了自己心中的感受，男人震驚了，從此再也不敢小看她。男人說：「我都有點怕妳了，原來妳什麼都知道！」此後，雖然她還是如從前那般天真和傻氣，從來不給男人壓力，但是男人明白了她的苦心，懂得了珍惜，再也不亂來了。

在生活中，會裝傻的女人總保持著微笑、友善和熱情，但是她心裡明白，不是每個人都可以成為朋友。人世的狡詐圓滑，她心裡都很明白，只是她一直希望自己的天真能換取旁人未曾泯滅的良知。善待別人的同時，她心裡也在為可能會受到的傷害做準備。她希望每個人都是友善的，如果她的傻氣換來真誠，她會開心的不得了，如獲至寶，逢人就講述這個世界的美好；如果她的天真受到了傷害，擦乾眼淚的同時也就抹去了不開心的情緒，因為她早就做好了受傷害的準備。

有人在心裡發問，一個明明很聰明的女人卻硬要裝傻、裝笨，會不會很累很痛苦呢？聰明的小女人樂在其中，看看她那充滿孩子氣的俏皮的臉，妳就能感覺到她發自內心的快樂。

試想，哪個男人願意和一個聰明絕頂的女人生活在一起呢？哪個男人不想擁有一個美麗溫順、知書識禮、小鳥依人的賢妻呢？即便自己身邊的那位只是一個整天冒著傻氣的「閒妻」，恐怕也要好過盛氣凌人、精明強悍的「仙妻」吧？至少，傻女人是可愛的，因為傻女人很容易滿足，傻女人很容易感動，傻女人很容易相處，傻女人很容易……總之，傻女人就是比聰明女人好，因為，會裝傻的女人本身就是聰明的。

女人是男人的學校，教學方法不能是單一的，即要管教又要放任，總之，男人既虛榮又自我，還帶著孩子氣，不管多麼成熟穩重的男人，都有孩子氣。

裝傻是一種高明的處世之道

「難得糊塗」歷來被推崇為高明的處世之道。「糊塗」是假的，裝傻的人既不是真傻，也不是真狡猾，關鍵就在這個「裝」字上。妳必須有良好的演技、靈敏的思維、睿智的頭腦、生活的智慧，這樣才能「裝」得恰如其分，「傻」得恰到好處。

《聖經》上說：凡事都有定期，天下萬物都有定時。生有時，死有時；栽種有時，拔出所栽種的也有時……

愛情是一場看不見硝煙的戰爭。有時候我們必須表現得非常強勢，可有的時候，我們也不得不戰略性地讓男人占占上風，滿足他們的尊嚴。平時我們大可以裝傻裝笨裝乖巧，佯裝退讓，其實只是適當滿足男人的尊嚴，迎合他們的保護欲，最終以柔克剛，將百煉鋼化為繞指柔。利用溫柔做盾牌，擋住男人鋒利的矛，這樣在完全摸透他脾氣之後，必要和得理的時候逮著機會狠狠一頓吵，也無不可。這就是一種「扮豬吃老虎」的迂迴戰術。

不妨，從現在開始，做一隻察言觀色的小豬，細心地發覺他什麼時候情緒好，什麼時候情緒不好，什麼時候需要妳扮小豬去哄，什麼時候可以豬急了咬人。畢竟，做小豬的最終目的不是為了「殺掉」大老虎，而是要去掌握控制老虎的本事。因為，作為女人，妳要是想幸福，就要能夠控制局面。

裝傻並不僅僅是一種忍受。始終掙扎在裝傻的陰影裡，或許有些困惑。強迫自己繼續裝傻的時候，妳就會發現愈來愈有意思了。當裝傻的程度逐漸加深的時候，妳會發現，裝傻是一種快樂，裝傻更像是明星演唱會裡貴賓坐席裡的高級觀眾。可能是自己在裝傻的過程裡看到某些人在表演，極其裸露的表演。站在那個虛偽的後台裡，遨遊在卑劣和自以為是的海洋裡。然而，非但這些人絲毫沒有發現自己在大庭廣眾之下赤裸狂奔，甚至比小時候課文裡穿著新裝的皇帝還可笑、可悲、可嘆，外加可憐。

敏敏是個善於裝傻的女人。她覺得，裝傻就是用笑作服裝，用語言作道具，用職業經歷作陪襯，有這些就足夠了。她說：「當某人還在用那井底之蛙的眼神看著我，這個時候我用鷹的銳利來影射某人惡劣的行徑。當一個人連最起碼的職業操守都不知道的時候，最好別對這人的素質抱多大希望。」於是，敏敏享受在裝傻的世界裡，開始探詢新的裝傻之道。

敏敏覺得自己有時候很壞，喜歡刻意去「勾引」別人。她喜歡看男人的各種醜態！前些天，她請一個客戶吃飯。那人很貪心，拿了回扣，還想占她便宜。不過敏敏也不是好惹的，明知他是個色狼，卻故意裝出很溫柔的樣子。

對方很直接地說：「我很欣賞妳哦，我們找個安靜的地方溝通一下吧。」然後敏敏就開始裝傻：「哦，好呀！」

他們就找個地方吃飯。還沒開始聊，對方就會有些要求。先是要求敏敏坐近一點，然後是要坐在同一個方向……而敏敏也不慌張，故意說：「為什麼要坐那麼近呀？妳不會是想打我主意吧！我可是好單純的哦！」

他說：「那也沒什麼的呀！我喜歡妳，妳喜歡我就好呀！呵呵……」

敏敏說：「那可不行呀，我會吃虧的哦！」他說：「妳怎麼會吃虧呢，以後我還有好多生意給妳做的呀！」

敏敏說：「以後呀，呵呵……」敏敏心想，還不知以後我在哪裡呢！對方不說話了，敏敏還說：「妳到底還要和我溝通什麼呀！我很笨的，妳一定要告訴我哦！」

敏敏這招厲害吧！反正她會想辦法讓心懷不軌的男人那層醜態全部暴露出來。敏敏心裡是這樣想的：「想吃我豆腐，你還嫩著呢！我會裝傻，什麼都不知道！請你自己把所有的動機都說出來吧！然後我再慢慢地來收拾你！最後我還會笑著謝謝你請我喝茶！」

「難得糊塗」歷來被推崇為高明的處世之道。「糊塗」是假的，裝傻的人既不是真傻，也不是真狡猾，關鍵就在這個「裝」字上。妳必須有良好的演技、靈敏的思維、睿智的頭腦、生活的智慧，這樣才能「裝」得恰如其分，「傻」得恰到好處。

其實，只要內心是與人為善，出發點是利人利己，毫不扭捏做作，自然而然地裝傻不僅可以解決很多問題，也可以讓妳的生活充滿驚喜。其實人人都會裝傻，只不過裝傻的功力和階段因人而異，略有不同，需要我們不斷地修煉和完善。

不妨用裝傻來維護自己的愛情

女人難得糊塗。必要的時候裝一下傻，與許能夠平息一場風波，化險為夷；與許能夠挽回一個家庭拉回一顆游離的心；與許能夠……仔細地想想，這「難得」的「傻氣」，又何嘗不是聰明女人的招數呢？此時並非是傻，而是聰明的另一境界！

糊塗指做人不明事理，或者將某種事物內容混雜，也就是不精明的意思。糊塗有兩種：一種是真糊塗，懵懂處世，與生俱來，裝不來，求不到；一種是假裝糊塗，是非黑白了然於心，偏偏裝作良莠不分，即由聰明轉入糊塗。

日常生活是平淡而漫長的，兩個人相處久了，來自自身以及外界的各種因素，很容易產生情感疲憊。時間久了難免會出現這樣或那樣的事，有時甚至會危及到我們的愛情。在我們的愛情中，總有一些事情是需要我們假裝不明白，即使我們再明白，還得裝傻。有時恰當的裝傻則會使我們即將丟失的愛情重新回到自己身邊來，聰明的女人往往就是靠裝傻來度過生活中的情感危機的。

因為公司倒閉，絹蕙的老公開了一家咖啡書屋。書屋開張之後生意很好。只是生意好了，老公待在家的時間也少了。絹蕙問起老公，他總是說店裡忙，走不開。有時就算回來了，也只是在家待幾個小時就走了，絹蕙和老公說話的機會也是愈來愈少。絹蕙看老公天天那麼忙，就有意想去幫忙，可每次都被老公婉言拒絕了。

一次，絹蕙看老公那麼勞累，於是就在家煲了老公愛喝的粥，準備給老公送到書屋去，想讓老公補補身子。可是，本想給老公一個驚喜的她怎麼也沒想到老公卻給了自己一個「驚喜」。她剛走到書屋門口，就聽到老公和一個女的在談笑風生，其言語更是不堪入耳。那女的絹蕙很熟悉，是書屋的收銀小姐。絹蕙愣了，她怎麼也想不到老公會背叛她。

思量了很久，絹蕙來到了馬路的對面，拿出手機給老公打了一個電話，告訴老公自己煲了粥來看他，已經在書屋的馬路對面了。然後她像往常一樣滿面微笑地走進了書屋，看著丈夫忙亂的神態和收銀小姐躲避的眼神，絹蕙傷心極了。

回到家裡，再也無法忍受的絹蕙撲在床上哭了半晌。老公回來後，看到絹蕙紅紅的雙眼，老公心裡緊張了一下：莫非她知道了？還是有人告訴了她？絹蕙卻對著老公微微一笑：「人家想妳想的了，看妳那麼勞累，又不能為妳分擔什麼，愈想愈傷心。」老公一愣，抱著絹蕙：「傻瓜……」絹蕙乘機勸老公暫時休息一段時間，書屋可以先交給別人看管。這一次，老公聽了絹蕙的。

趁此機會，絹蕙對老公真是百般的呵護，還千方百計地拉老公重溫新婚時的甜蜜。看著老公愧疚的模樣，絹蕙更是堅定了信心。

後來，老公重回書屋，並要絹蕙跟他一起去張羅，絹蕙沒同意，她選擇了對老公的信任。過了一段時間，絹蕙發現書屋的收銀小姐換了，老公不知什麼時候把那小姐給辭了。絹蕙會心一笑：幸虧當初自己沒有把事情鬧大，否則自己的愛情可能就沒了。

絹蕙的裝傻贏回了自己的愛情，也保住了自己的婚姻。

琳達也是急中生智，巧妙運用裝傻拉回了走上歧路的丈夫。

琳達是一家企業的老闆，丈夫是搞科技的。他們結婚多年來，從未紅過臉，彼此深愛著對方。然而，一次偶然的機會讓她發現自己的丈夫對自己不忠。

她去出差，在去車站的路上，發現自己一份合同忘記拿了。於是，她讓司機掉轉頭往家走。到了家門口，還沒來得及下車，她看見丈夫慌張地打開房門，把一個女人放進去，又朝四周觀察一番，確認沒人注意，才小心翼翼關上房門。那個女人琳達認識，是她的助理，住在她家對面那幢樓房。

按常理，她應當毫不猶豫地沖進屋內，當面戳穿他們。但是，這樣一來，勢必會掀起軒然大波，不但會激怒那個女人，還會使老公更加難堪，甚至把他推到離那個女人更近的位置。她想到這，她深信，丈夫只是一時糊塗，他仍然深愛著自己。可是裝聾作啞更不行，自己承受痛苦不說，還會使他愈陷愈深。

最後，她掏出手機，撥通家裡的電話：「老公，我把一份重要的合同忘在書桌上了，我現在讓我的助理去拿。」不等丈夫回答，她掛機又撥了助理的手機：「請妳到我家把那份咱們和某某公司弄的合同拿給我，我在門口等妳。」不一會兒，助理來了，滿臉羞愧和尷尬。她接過文件，優雅一笑，說聲：「謝謝。」然後命司機開車。此刻，她再也忍不住心頭的酸痛，任由涕淚滂沱。她想，要是這樣也不能挽回丈夫的心，那她這段感情她就放棄。

事實證明她的做法是正確的，她完全可以為當初的理智而自豪。後來助理曾向她提出辭呈，她婉言地勸說助理認真考慮，她說她希望她們能夠愉快地合作。多年過去了，丈夫再也沒有越雷池半步，他和她之間彷彿一切不快都不曾發生，他們依然幸福地生活在一起。而她的助理，更加地努力工作，對她，除了多一份崇敬，還多了一份感激。

跟絹蕙和琳達比起來，我的一個自以為很聰明的女友則就是真的傻了。一天叫女友出來逛街，見面後她哭喪著臉對我說她正在和老公辦離婚手續。我問為什麼，她說老公總是欺騙她，明明在外面吃飯，而且他的車子就停餐廳的外面，打電話問他，卻說在公司加班……從老公的包裡翻出給別人代交的話費清單，並且是一個女人的……女友一路上都在數落她老公的不是，而且愈說愈氣：「這種日子實在沒法過，我和他大鬧幾場他還理直氣壯的……」

對此，我無言以對，只能勸女友想開點。可是後來見到她老公時，他卻跟我說：「每天一回家就是吵鬧，天天沒有安寧的日子，還對我盤東問西的……雖說有時是我不對，但我從沒對不起她……」聽到這裡，我真的是很為女友感到惋惜。

凡事留有餘地，方可迴旋。寬容的感化力量有時不可思議。女人的寬容和原諒會讓老公有安全感，老公會感激妳，會更加愛妳……

女人難得糊塗。偶爾必要的時候裝一下傻，興許能夠平息一場風波，化險為夷；興許能夠挽回一個家庭，拉回一顆游離的心；興許能夠……仔細地想想，這「難得」的「傻氣」，又何嘗不是聰明女人的招數呢？此時並非是傻，而是聰明的另一境界！

小糊塗勝過大聰明

《紅樓夢》中的薛寶釵可真是有謀略。元春省親時制一燈謎，黛玉、湘雲等人一猜就中，眉宇間甚為不屑，唯獨寶釵對這「並無甚新奇」「一見就猜著」的謎語，卻「口中少不得稱讚，只說難猜，故意尋思」。此看是「裝愚守拙」，實為「好風憑藉力，送我上青雲」之高招，真絕！

聰明誰都喜歡，在考場上和職場上誰都喜歡聰明人。誰家的孩子聰明了，都會讚不絕口。沒有人不希望自己的孩子八面玲瓏，人見人愛。可等到長大成人，走向社會，與人接觸了，就得學會裝傻。適當裝傻也是一種聰明。古人說的大智若愚就是這個道理。

《紅樓夢》中，大多數人都很佩服薛寶釵的謀略，其待人接物極為講究，且善於從小事做起，如元春省親與眾人共敘同樂之時，出一燈謎，讓寶玉及眾裙釵粉黛們去猜。黛玉、湘雲等人一猜就中，眉宇間甚為不屑，而薛寶釵對這「並無甚新奇」「一見就猜著」的謎語，卻「口中少不得稱讚，只說難猜，故意尋思」。有專家們一語破「的」：此謂之「裝愚守拙」，因其頗合賈府當權者「女子無才便是德」之訓，實為「好風憑藉力，送我上青雲」之高招，真絕！

再看歷史上明代著名清官海瑞的智謀。海瑞在浙江淳安縣當知縣的時候，一天，驛站的差人來告狀，說有一個人自稱是總督胡宗憲的兒子，嫌驛站的馬匹不好，把驛吏捆起來倒掛在樹上。海瑞馬上帶人趕到驛站。他看到穿著華麗衣服的胡公子還在指手劃腳地罵人，身邊還放著大大小小的箱子，箱子上還貼著總督衙門的封條，心裡立刻明白了，這肯定是胡宗憲的兒子，並且收了不少禮。

海瑞馬上有了主意，他叫人把箱子打開，原來裡面裝著好幾千兩銀子。海瑞變了臉色，指著胡公子，卻對圍觀的群眾說：「這惡徒真可惡，竟敢假冒總督家裡的人，敗壞總督名聲！那次胡總督出來巡查時，再三佈告，叫地方不要鋪張，不要浪費。妳們看這惡徒帶了這麼多行李和銀子，怎麼會是胡總督的兒子呢。他一定是假冒的，要嚴辦才是。」

於是，海瑞把「胡公子」的幾千兩銀子沒收充公，交給國庫，並讓「胡公子」畫了押。接著，海瑞給胡總督寫了一封信，信中說有一刁徒冒充貴公子過嶔縣，詐銀兩，捆驛吏等，然後連人和憑據一起送給總督胡宗憲發落。胡宗憲看了來信，又看看被捆綁著的兒子，氣得說不出話來。但又怕海瑞把事情鬧大，只得忍氣吞聲，不敢向海瑞說明他所捉的人就是自己的兒子。

海瑞的「裝傻」事件不但沒有顯出他的「傻氣」，反而更加地襯托出了他的聰明才智，顯得他更加聰慧。看來，有時故意的「賣傻」正說明了一個人高人一等的聰明。

聰明是把銳利的武器，人世紛爭、紅塵恩怨，在一雙慧眼、一顆蘭心面前全部都無所遁形，那種看穿一切的感覺必定非常美妙。但是一定要謹記，聰明不要太過頭，鋒芒太露容易傷了別人，也傷了自己。真正聰明有大智慧的人，卻一直不顯山不露水，只有那種滿腹小聰明的人，才會飛揚跋扈、肆無忌憚地賣弄；聰明的女人，聰明是她的秘密武器，不到關鍵時刻，不輕易拿出來。

在你爭我奪、爾虞我詐的職場上，聰明的女人往往在人前表現得一無所知，她恨不得人們能把她當「傻子」看待。其實細想人們就會明白，這正是聰明人的高明之處。同是才華橫溢，知識淵博的女人，可她們的結果往往是截然不同的。究其原因就是有的女人會裝傻而有的女人卻處處鋒芒畢露，一點兒不懂得收斂。

在和朋友聊天時，我們無意中談到她們單位的事情，朋友憤憤地說單位推選模範員工，我們都選某某，就是不選某某，她學歷高又怎麼了，知道一點東西就不知道天高地厚！原來朋友說的落選的那個女人，在單位裡總是愛出風頭。如當別人在談話中犯了知識性或是邏輯上的錯誤時，她總是馬上一針見血地指出來；在表述一個觀點或是反駁別人的意見時，總是口若懸河直抒胸臆，也不管別人能否接受；甚至在別人對某事看法不同時，也毫不示弱地奮起駁斥……朋友還說更可惡的是當別人談興正濃的時候，她半路殺出，風頭搶盡，卻不管是否會弄得別人沒面子。總之就怕別人不知道她有知識有學問。

然而另外一個女人卻處處裝傻，當別人闡述一個觀點；當別人對某事有什麼看法時；當別人……她總是很認真地聽。她也從不會半路打斷別人談話；更不會為了堅持自己的觀點而咄咄逼人；更不會……總之，她就是懂得在恰當的時候「裝傻」！我不由得感慨，這才是真正聰明的女人啊！

有時候，人真的沒有必要太「聰明」。一個人如果太「聰明」，往往會「聰明反被聰明誤」。記得《紅樓夢》中王熙鳳的判詞寫道：「機關算盡太聰明，反送了卿卿性命。」這樣一個十分精明的人物，她呼風喚雨，左右逢源，令人羨慕不已。最後卻成了孤家寡人，身心勞碌至死，最終又一無所得的下場，這正是毀在了她的聰明上。

當然，每個女人都希望能擁有美麗的外表和聰明的頭腦，美貌是青春的通行證，智慧是人生的指路燈，當魚與熊掌不可兼得時，做一個聰明女人是不少人的首選。真正聰明的女人，卻明白在家庭中，懂得「裝傻」才是幸福之道。

在戀愛時，男人往往需要的是一個乖巧、純真的女友。真正聰明的女人會在他面前盡情的撒嬌、任性，給他百分之一百二十的信任，並無條件地接受他那些真真假假的諾言或者謊言！如果不小心聽到了有關他和漂亮「媚妹」的傳聞，知道那個男人的山盟海誓讓她無法承受突如其來的背叛。她也不會一哭二鬧三上吊，她明白這樣只能是給她的對手一個再好不過的機會。

真正聰明的女人懂得：把微笑留給那些傷害自己最深的人！因為她們明白：婚姻就像賭

博，有的人賭輸了就抱著桌角不放，而有的人卻寧願選擇另起爐灶。微笑著離開，讓男人永遠的內疚，才是對他最好的懲罰！

女人再聰明能幹，總是要戀愛結婚，如果在與男人相處時處處將自己的聰明展露無遺，並不是一件好事。聰明太過形之於外，流露出一種驕傲或是壓迫感，只會讓男人感到受威脅，缺乏安全感，這樣的女人再漂亮多情，也只會讓男人敬而遠之，讓聰明反誤了終身。適時地裝裝傻，讓男人更愛自己，才是女人真正的聰明所在。

聰明固然很好，但聰明而不是小聰明，智慧也不僅是高智商。培根說：「生活中有許多人徒然具有一副聰明的外貌，卻並沒有聰明的實質。這是『小聰明，大糊塗』。」真正的聰明懂得厚道待人、深藏於密、寬容大度……用一種「傻人」的思維方式，以平常之心、平靜之心對待人生，換得個泰然安詳。

用裝傻驅散身邊的「蒼蠅」

只要感受到異性的電流，女人就會開始裝傻，用裝傻的招式來抵擋對方的攻勢。大部分男人以為，大獻殷勤就能抱得美人歸，可是他們一遇到會裝傻的女人就沒轍了，只能自動打退堂鼓。這樣一來，男人就中計了。因為會裝傻的女人正是憑藉裝出來的傻裡傻氣，驅散那些圍在她們身邊的「蒼蠅」的。

女人大都相信直覺（或者第六感），而且大部分女人都是靠直覺來做事的。男人有任何風吹草動，女人憑直覺就可以猜出個大概來。而且說不上來為什麼，就是可以猜出來！據說，女人第六感的準確率差不多是九十％，而那失敗的十％就是遇到自己喜歡的男人！

不知道為什麼，聰明的女人就是可以從異性的眼神、表情、肢體動作感覺出這個人對自己的電流。如果能感受到大一點的電流，就表示這個人對自己似乎有點意思；如果只有小電流或微電流，表示這個人只能拿來當朋友或一般異性而已。一個人的眼神最能透露一切，即使兩眼無神的人，只要細心觀察，真的不難發現，不過這要道行比較高的人才能做得到。

平時只要感受到異性的電流，女人就會開始裝傻，用裝傻的招式來擋對方的攻勢。大部分男人以為自己大獻殷勤就能抱得美人歸，可是他們一遇到會裝傻的女人就沒轍了，只能自動打退堂鼓。這樣一來，男人就中計了，因為會裝傻的女人正是憑藉裝出來的傻裡傻氣，驅散那些圍在她們身邊的「蒼蠅」的。

「裝傻」似乎成了一種女人在非常時期的求生手法。當女人手足無措的時候，她就會把自己扮演成一個純真的傻瓜，好像什麼都與自己無關，好像什麼都無法理解。這樣，裝傻的薄紗就把她們遮蔽在人情世故之外了。對面的人只好放棄同一個傻子計較，不然，計較的人也會變成傻子。

「裝傻」的功效其實和睡到日上三竿的懶惰差不多。只是一個擁有感官體驗，一個暫時喪失知覺。棘手的問題擺在清醒的情況下，只好下意識要求自己想到淺層的絕不往更深層次的想。這不是真「傻」真「純真」，不是沒有分析思考能力，只是下意識的不讓自己深陷，因為走深一步很可能就難以挽回了。

所以，很多時候，女人裝傻只是一種簡單的習慣。只是男人或許永遠也弄不明白高明的女人，女人最大的智慧是裝傻。那些自以為是，自以為能把男人管成這樣那樣的女人，實際上是愚蠢的失敗者。其實，在會裝傻的智慧女人面前，男人才永遠是個真正的大傻瓜。

《圍城》裡的孫小姐就很會裝傻。別看方鴻漸喝過洋墨水一副漫不經心情場老手的做派，可是一看到孫小姐那一雙水汪汪單純可愛的大眼睛，一聽到她用嬌柔柔細款款的語調對著他說，方先生，我什麼都不懂，妳可要教教我啊！他就頭腦發昏亂了方寸，只有乖乖被俘繳械投降了。他哪裡知道，孫小姐那雙狡黠的大眼睛只有在他面前才改變水色的。當方鴻漸發現上了鬼子的當時，他那根風箏線已經牢牢地握在了孫小姐的手中了。

不過，女人遇到自己有意思的男人時，就真的變傻了！在喜歡的人面前雖然行為舉止不至於失常，但卻無法精神集中的感受電流。於是失去了直覺，就開始用猜測、仿真、假設或幻想，整個心就慌亂了。這時女人就不再是裝傻，而是真的傻掉了！

其實不只女人會變傻，只要是跌入愛情框框裡的人想不變傻都難。感情若像是以欠債還錢殺人償命般的直接，便可換得真心相待，那幾千年來文人筆下的男女感情，情愛交織都成一片惘然，其實看似簡單實是複雜難述。

男人可能會問：「我要如何分辨女人是裝傻還是真傻？」其實很簡單，男人若能真心相待，剛開始裝傻的女人慢慢地就會甘心變成傻子的！不過若是過於強求，女人會由裝傻變成裝瘋，一瘋起來就怕男人脆弱的心靈無法承受！所以，做男人應該聰明一點，女人比較喜愛聰明的男人！

小測試

看看自己在愛情裡裝傻的天分有多高

想在愛情裡裝傻，對於聰明絕頂的妳來說，可能還真是一個意想不到的難題，想看看自己這方面的天分有多高嗎？請憑直覺回答下面的問題。

在妳的生日會上，有人不巧和妳撞衫。她又來敬酒時，妳會怎麼辦？

A．平淡地說：「哎呀，怎麼我們的衣服居然看起來有點像呀？」

B．裝做根本沒有意識到這件事，讓她敬完酒了事。

C．盡量躲著她，避免和她面對面，或者趕緊去換一件衣服。

D．笑著對她說：「真是巧呀，我們的衣服居然是一樣的呢！」

測試解答：

選A：

妳有裝笨的天賦，能夠巧妙地化尷尬於無形。和情人相處時，妳會很有技巧地避開雷區，讓妳們的感情一直處於良好的狀態。

選B：

妳稍微有一點裝笨的潛能，但是最高程度也只能做到「裝作不聞不問」，但其實疑問和不滿還是會堆積在心裡，長久下去，妳的怨氣總會找個機會爆發的。

選C：

妳是個完美主義者，不具備裝笨的特質。同時，妳的承受力低，不能夠忍受愛情中的任何一點瑕疵。男人會很喜歡妳一心一意地付出，但也會厭煩妳追根問底的生活態度。

選D：

妳很大度開朗，所以異性都喜歡跟不拘小節的妳相處，並會為妳的陽光氣質所吸引。雖然不會裝笨，妳仍然可以在戀愛階段得到很多的好感，只是在往後的相處中，妳直來直去的態度，也會讓他嘆氣，說聲妳不懂溫柔。

裝傻不是真傻，
是為了一生一世的幸福

第二篇　聰明女人只在心愛的人面前裝傻

——裝傻，為那個值得自己愛的男人

女人裝傻，是因為她有愛，是因為她全心倚賴著她所賦予愛的那個男人。她把自己的聰明悄悄地裝進愛裡面，一起賦予她心愛的人，情願自己傻一點。伴隨著他的驕傲而驕傲，那才是她的幸福。

女人裝傻，為自己心愛的男人

對好男人，我們要做小女人，信任他倚重他，鼓勵他愛護他。讓他做大樹，自己做棲息的幸福小鳥；對壞男人，我們要做大女人，唾棄他鄙視他，一腳把他和他有關的記憶統統踢出去，絕不藕斷絲連。

女人只會在自己心愛的人面前裝傻。男人們看到這句話，不知會作何感想，會不會思念那個曾經為他裝傻的女人。

男人總認為自己對女人很瞭解，即使是還沒有戀愛過的小男生，也會覺得自己是個愛情專家。對於愛情，很多男人說起來幾乎是頭頭是道，一大堆的理論，可是當愛真的降臨在他面前的時候，他卻往往昏了頭，才明白根本不是那麼回事：自以為很聰明，卻忽略了女人的感受；自以為把愛情握在手裡，卻沒理會到女人更需要愛；自以為……太多的自以為是，可是女人的心，他卻一點都不懂。被愛是幸福，因為愛，是女人給予的。

女人裝傻，是因為她有愛，是因為她全心倚賴著她所賦予愛的那個男人。她把自己的聰明悄悄地裝進愛裡面，一起賦予她心愛的人，情願自己傻一點。伴隨著他的驕傲而驕傲，那才是她的幸福。

女人裝傻，才是她們的聰明，她不會讓她的愛人失去自尊，她不會讓她的愛人感到尷尬，她的傻，會在很恰當的時候表現出來。她會讓愛人在自己面前耍耍小聰明，讓他重新恢復自信。她的傻，會讓她的愛人感到幸福無比。

女人裝傻的時候，正是男人最糊塗的時候，但有幾個男人會承認自己愚蠢呢？女人裝傻的時候，也正是男人最幸福的時候，可是又有幾個男人懂得這份幸福呢？

亦舒說：「如果妳愛一個人，那人永遠又小又笨，需要憐惜照顧，可是假使妳不喜歡他，他立刻變得老謀深算，是隻妖精，必須好好提防。」

女人有愛就變傻。世間女人，都或多或少懷著這樣一個瑰麗的夢——遇見一個人，情願為他守一生。一個女人，要有一雙伯樂的眼睛，當然不是用來相馬，而是用來相好一輩子相依的男人。茫茫男人的大海之中，一個女人如果有幸找到可以牽手向前走的男人，那這個女人便是從此邁向了幸福。

孟姜女為夫抱不平，哭倒長城；祝英台為如意郎君不惜以身相殉；還有那修煉千年的白蛇，放棄飛升為仙，只為人世間最真實的愛情……他們的故事百轉千迴，都是因為女人為了她們的所愛而癡、而傻。

慧雲是個聰明伶俐的女人，但她把她的聰明都用在學習和工作上。生活中她很隨和，從不計較什麼，真是傻傻的。奉軒準備與慧雲結婚時，正逢奉軒家裡的老房子拆遷，新分了兩間兩室一廳的房子。可是，奉軒的哥哥一家三口本來也一起住在老房子裡，應該分給他們一間。

當時奉軒的父母為難極了。二老想來想去，最後決定再買一間舊房自己住，兩間新的，兩個兒子一人一間。奉軒知道後，覺得這樣不好，就主動向父母、哥嫂表態，說自己和慧雲的收入比較高，可以自己貸款買房。父母哥嫂聽了很感動，當場拿出存了好久的錢，「贊助」他們買新房。

奉軒對父母盡孝了，但慧雲那裡能不能擺平？他有些忐忑不安：畢竟是一間房，價值不菲呀！他「自說自話」讓出來，慧雲會不會同意？奉軒小心翼翼地跟慧雲說了這事，她真的不高興了！不過，不是為了奉軒讓房子，而是怪奉軒拿了父母、哥嫂的錢。她說：「你爸爸、媽媽住了一輩子舊房子，現在應該享福了！你哥哥、嫂嫂收入低，孩子讀書開銷很大。快把錢還了！我相信我們自己有能力買房子。」

後來，奉軒把錢還給了家人，媽媽和嫂嫂感動得淚汪汪的。有人說慧雲傻，可是她的放棄，為自己贏得了更多——愛和親情是無價的！當慧雲與奉軒有了小寶寶之後，從前上班時從不肯請假、退了休還在外面工作的婆婆竟宣佈，要幫他們帶孩子。嫂嫂也常去問寒問暖。奉軒高興地說：「慧雲真行，和她在一起，什麼事都順順利利的！」

傻女人，絕非是指大腦真有問題的女人。這裡說的傻女人，智商比任何人都正常。之所以說她們傻，是因為，跟現在許多頗有心計的女人比起來，她們顯得不那麼精明，不那麼靈光，顯得有些傻。

男人喜歡女人的「傻」，絕對不是指智商。是那種看上去傻傻的、心裡卻很有譜的女人。男人總有自尊心或者說虛榮心，所以那些故作聰明、十分外露的女人是抓不住男人心的；而大智若愚的女人卻能迷住男人。

女人要裝傻，為那些值得我們愛的男人——他有品行、有良知、有責任感，即便偶爾犯錯，也值得女人委曲求全；如果妳身邊的那個男人生性淺薄，除非妳是真傻才去為他裝那個傻！那男人只會因此更肆無忌憚地要妳，而絕不是愛妳！所以，女人的最高境界不是單純的傻，而是有的放矢的傻。說白了就是幹什麼都要物有所值。

女人為自己心愛的男人裝傻是幸福的。連那聰明脫俗的張愛玲也說：「遇見妳，我變得很低很低，一直低到塵埃裡去，但我的心是歡喜的。並且，在那裡開出一朵花來。」人一生幾十年，也就僅僅能傻這麼一段時間，所以不要去克制自己，傻也要傻得淋漓盡致。

讓對方快樂，自己也能獲得更大的快樂

如果一個女人對婚姻寄予的希望簡單，在生活中的做法也簡單，處理衝突的辦法更簡單，那麼，她的婚姻生活就是輕鬆的。只有輕鬆才能走的長遠。幸福的婚姻並不需要什麼玄機，就是看妳能否做到簡單。即簡單，簡單，再簡單。

有些人可能把婚姻看得太複雜了，要麼說錢財是最關鍵的因素，要麼說性是決定婚姻的品質；一會兒說女人最怕傷心，一會兒說婚姻經不起「臨門一腳」……其實，婚姻的事情很簡單，說透了也就一句話：妳對我好，我肯定對妳好。

曾經看過這樣一篇有趣的短文——

教授走進教室，把隨手攜帶的一疊圖表掛在黑板上，說：「在愛情和婚姻方面，不存在老師和學生，年輕人可能愛得如癡如醉，花甲夫婦可能過得恩恩愛愛。目前有關婚姻方面的理論很多。然而，真理很少。因此，有很多人被搞糊塗了。我研究婚姻幾十年，起初也認為婚姻是世界上最複雜的一門學問，認為它涉及到心理學、社會學、倫理學、道德學，涉及到精神分析、地緣理論、傳統文化、民風民俗。後來我才發現根本不是這麼回事。婚姻其實很簡單，它只不過是一個數學概念而已。」

教授說著，掀開掛圖，上面用毛筆寫著一行字——婚姻的成功取決於兩點：一、找一個好人；二、自己做一個好人。

「就這麼簡單，至於其他的秘訣，我認為如果不是江湖偏方，也至多是些老生常談。」教授說。這時台下嗡嗡作響，因為下面有許多學生早已是妻子或丈夫。

不一會兒，有一位三十歲左右的女人站了起來，說：「如果這兩項有些沒有做到呢？」

教授翻開掛圖的第二張，說：「那就變成四項了。一、容忍，說明。幫助不好仍然容忍；二、使容忍變成一種習慣；三、在習慣中養成傻瓜的品性；四、傻瓜，永遠做下去。」

教授還未把這四項念完，台下就喧嘩起來，有的說不行，有的說這根本做不到。

等大家靜下來，教授說：「如果這四項做不到，你又想有一個穩固的婚姻，那就得做到以下十六項。」

接著教授翻開第三張：「一、不同時發脾氣；二、除非有緊急事件，否則不要大聲吼叫；三、爭執時，讓對方贏；四、當天的爭執當天化解；五、爭吵後回娘家或外出不要超過八小時；六、批評時的話要出於愛；七、隨時準備認錯道歉；八、謠言傳來時，把它當成笑話；九、每月給他或她一晚自由的時間；十、不要帶著氣上床；十一、他或她回家時，妳一定要在家；十二、對方不要讓妳打擾時，堅持不要去打擾；十三、電話鈴響的時候，讓對方去接；十四、口袋裡有多少錢要隨時報帳；十五、堅決消滅沒有錢的日子；十六、給妳父母的錢一定要比給對方父母的錢少。」

教授念完，有些人笑了，有些人則嘆起氣來，更有甚者開始整理書包。

教授停了一會，說：「如果大家對這十六項感到失望的話，那妳只有做好下面的二五六項了，總之，二人相處的理論是一個級數理論，它總是在前面那個數字的基礎上進行二次方。」

接著教授翻開掛圖的第四頁，這一頁已不是用毛筆書寫，而是用鋼筆，二五六項密密麻麻的。教授說：「婚姻到這一地步就已經很危險了……」

在教授宣佈下課的時候，教室裡響起雷鳴般的掌聲。

婚姻其實就是這樣簡單：找到一個人，然後一起生活，互相關心，性格上磨合，生活上照顧。不再有什麼轟轟烈烈、生離死別的曲折故事。

清儀是一個幸福的家庭主婦，她結婚七年，離開工作回歸家庭六年。清儀一天的生活是這樣的：早上起來，為不吃早餐的老公泡好咖啡，看著老公洗漱完畢，吃喝完畢，穿上她準備好的衣服精精神神地出門。然後把貓寶寶收拾乾淨。接下來，是按部就班的打掃客廳，把家收拾得窗明几淨，包括每個角落。清儀喜歡聽老公回到家來常常要說的那句話：「家裡真乾淨真舒服啊！」中午，簡單吃個午餐，啟開電腦，打理一下自己的網站，再看看其他的網。三點來鐘，開始準備晚飯。晚飯是清儀的「大事」，因為除了週末，一天三餐裡只有晚餐是能和老公一起吃。她知道老公中午在公司吃便當，所以非常注意晚餐的「營養」……

清儀說：「我從沒感覺空虛無聊，因為我每天都很忙，為了他忙碌，我覺得很開心！」

有一天，老公突然對她說：「以後妳別再做飯了。」老公告訴她，有報導說女人容易得肺癌通常有三方面原因——吸菸、過瘦、做飯。而清儀這三項中占了兩項，所以老公不要她再做飯了。清儀感動得稀哩嘩啦。

「妳敬我一尺，我還妳一丈。」讓對方快樂，自己也能獲得更大的快樂。

經常會有一些文字是關於如何維繫婚姻、經營愛情的技巧。殊不知，當我們在享受技巧所帶來的欣喜的時候，卻已經丟掉了生活中最本真和人性的東西，忽略了彼此最真實的感受和對於家的依賴。

大多數時候生活是無須刻意經營的，順其自然是我們對於人類生命狀態的一種適應和尊重。生活簡單的就如溪水總是向低處流淌一樣，簡單的就如花朵總是在特定的季節綻放一樣，無須強行，無須複雜。就像那位教授所說的：在習慣中養成傻瓜的品性，並且永遠做下去——幸福的婚姻就是這麼簡單。

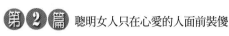

傻女人不會在婚姻中計較對錯

婚姻是兩個人的戰爭，男人和女人，丈夫和妻子，透過曠日持久的、周而復始的衝突、衝突和諒解，最終磨合出兩性的平衡和生活的樂趣。這場戰爭中，永遠沒有絕對的勝負和對錯。

戀愛可以短暫美麗，如電光一閃；婚姻卻必須切實平淡，如細水長流。面對每天的柴米油鹽，面對種種外界的誘惑，婚姻有時難免出現危機。想要婚姻成功的話，首先就要明白：婚姻裡沒有對錯，也沒有標準答案。

有些女人總是覺得所有的問題都一定有答案，對和錯於她們來說非常重要。但婚姻恰恰不是這樣。婚姻不是兩個人在一起總會做對的事情，而是雙方在做了很多看似不對的事情後，還願意繼續走下去。因為婚姻裡的很多事情，根本就沒有對和錯之分。

糟糕的是，當面臨的問題沒有固定的答案時，女人所能發揮的餘地就愈來愈大了。她不再想著只是單純地去解決一個問題，而是如何增加自己應付可能發生的各種問題的應變能力。總是一味地想著如何改變男人，這樣只會把婚姻推進一條「死胡同」。其實，女人還可以嘗試改變自己，哪怕自己是對的一面。

可兒手裡拿著老公的「傑作」——厚厚一疊QQ聊天記錄，臉色鐵青地找到她的好友發洩心中怒火：「妳看看上面都寫的什麼呀！嬉皮笑臉，恬不知恥！」好友笑嘻嘻道：「他們這不過只是紙上談兵，還沒真刀實槍呢嗎？」眼見可兒的手就要落到好友頭上了，好友只得斷喝一聲：「有本事把妳的聊天記錄也打出來！」可兒頓時頹了。

接下來的幾天，她不再為貪戀升職而夜夜加班，而是早早回家，為那落單多時的老公好好的煮了幾頓美食。老公投李報桃，鬼鬼祟祟用私房錢將可兒覬覦已久的一條裙子買了回來。那天，吃飯的時候夫妻倆顯得有些過分激動，當場如初戀般緊緊擁抱涕淚橫流。

這個世界上聰明人已經太多了，實在不需要我們再加入進去。曾有若干火眼金睛的聰明人，將某女與丈夫捉姦在床，鬧嚷嚷捉到耶穌面前，耶穌微笑：「這樣的女人，是該受到懲罰——但凡從沒犯過錯的人，請用石頭狠狠地打她！」結果在場人一個一個，紛紛悄悄溜去。

誰能不犯錯？一個不好的婚姻，它的失敗不完全是男人們的過錯。一個人的錯怎麼就可以製造出感情的破裂呢？一場真正的愛情裡，男人們怎麼會捨得讓自己最愛的女人傷痕累累呢？所以女人要站在丈夫的角度去看看自己，去學會評價自己。

在日常生活之中，有許多面臨婚姻危機的婦人都在不停地抱怨，怪罪對方將衝突激化，並且試圖尋找婚姻問題的是與非，將其化解和彌補。其實，這種尋找是與非的做法不僅是徒勞的，而且還會將婚姻的衝突擴大化。同在一個屋簷下生活，誰家會沒有磕磕碰碰呢？婚姻中也沒有誰對誰錯這個概念。為一件小事，甚至是一句話就爭個妳死我活，最後，受傷的還是自己。

所以，無論發生了什麼，都不要再去糾纏對與錯。追究誰的對錯沒有用，最主要的是應該好好把握和珍惜。沒有最好的婚姻，只有合適的婚姻。一切不和諧的因素都是人的心理在起作用，也都可以靠智慧來化解，這種智慧就是——「傻」到不分對錯。

傳說女人是男人的一根肋骨，男人生下來就是在找尋他的肋骨，有了這根肋骨他才是完整的，男人離不開女人，同樣，女人也離不開男人。但男人與女人又彷彿是被纏在一起的刺蝟，隨便掙扎一下，就會感覺到疼痛。既然如此，就讓紅塵中的男男女女，在沒完沒了的衝突與爭吵中一起長大，一起追尋幸福吧！

將情感寓於「傻氣」中表達出來

我們中國人自古以來民風較為保守。在愛情生活中，有些過於肉麻的情話都很難說出口。於是，熱戀中的聰明純真的男女，往往用含蓄去煽動情人的愛。裝裝傻，將自己的情感寓於一種「傻氣」中表達出來，幽默迷人。

相戀的男女主角為了取悅對方，無不竭盡全力地將自己光輝燦爛的優點放大給心上人。然而，如果遇到了愛情挫折，或者對方在戀愛過程中出現某些拂逆不順的情節，那麼，有意裝傻來貶損自己，也能收到始料不及的奇效。

志航和曉玉都是企業的員工，當兩人沉浸在如醉如癡甜蜜快樂的愛情生活中時，他們先後被公司宣佈裁員了。為了未來的幸福，他倆商定租賃一間門面做服裝生意，維持生活。

然而開張第一天，生意就十分蕭條。回家的路上，志航唉聲嘆氣。曉玉說：「啊，我明白了，我們的生意不好，是因為我的形象對不起顧客。」

志航機靈地接過話頭：「錯啦，是他們嫉妒——我這種有損市容的長相卻有妳這樣美麗的心上人，他們憤憤不平，故意不找我們做生意，惹我們生氣哩！」

任何人都知道，生意的好壞與個人容貌是沒有什麼聯繫的。但曉玉為了消除志航因生意初戰失利的懊喪，把生意不景氣的原因說成是個人的影響，讓志航忘掉失敗。受曉玉幽默的啟示，志航也跟著裝傻，透過對自己的「貶值」，讓事情錯得更遠、更玄，從而和曉玉的心靈碰在一起，產生了愛的火花。

一次生活上的失敗在「裝傻」的作用下，化為愛的歡樂曲。

不知誰說過這樣一句名言：愛情是最不講道理的。由此就更進一步說明了在情愛生活中，裝傻的奇妙功能和獨特作用。愛他，妳就不妨裝裝傻。

曉彤與子舟相戀已有三年。正當曉彤懷著迫不及待的心情準備與子舟共築愛巢時，曉彤的朋友卻告訴她，最近，經常看到子舟與一個很靚麗的女孩子在一起。曉彤指責子舟對愛情不忠貞，見異思遷。不論子舟怎樣解釋，曉彤都一口咬定子舟在欺騙她，並鬧著要與子舟分手。深愛著曉彤的子舟當然不願失去心上人呀！

於是，子舟乾脆裝傻說：「人人都說妳是才貌雙全的美女，妳怎麼不想一想呀？除妳之外，我真想不出有第二個願意與我戀愛的。妳瞧：我老氣橫秋，臉上寫盡了中華五千年滄桑和苦難；再瞧我這儀表，一下子就容易讓人們聯想到是剛經過洪水洗禮的受災戶，我現在最想往的是如何盡快脫貧致富，以報小姐的知遇之恩，哪敢花心喲！」

一席話說得曉彤轉怒為喜，忍俊不禁。

裝傻是門學問，是種境界。貌似癡癡呆呆，實則心底澄明，有隔岸觀火的冷靜，又有霧裡看花的迷離。我們中國人自古以來民風較為保守，在愛情生活中，有些過於肉麻的情話都很難說出口。於是，熱戀中的聰明純真的男女，往往用含蓄去煽動情人的愛。

裝裝傻，將自己的情感寓於一種「傻氣」中表達出來。那種欲說而不語的魅惑，像情人斜角四十五度的眼神，顛覆了感官，讓周身的世界變得五彩斑斕。如果妳懂得在愛情裡裝傻，那麼，妳一定能夠成為一個將生活的各方面都經營得很優秀的女人。

像「傻瓜」一樣只為對方著想，妳會獲得幸福

一個聰明的男人跟一個聰明的女人在一起，那叫羅曼蒂克；一個聰明的男人跟一個傻女人在一起，那叫婚姻；一個傻男人跟一個聰明的女人在一起，那叫婚外戀。一個傻男人跟一個傻女人在一起，那叫幸福。

什麼樣的婚姻才是最幸福的呢？窮人嚮往著富人的奢華，富人嚮往著窮人的平淡，究竟是在奢華中張揚好呢？還是在平淡中默默無聞好呢？

有一篇美文，非常感人，可能大家都看過，相信作者也願意拿出來與大家一起分享。故事說：社區管委會要在所轄的社區內評出一對最恩愛的夫妻。幾經篩選後，有三對夫妻入圍。於是，管委會通知這三對夫妻，叫他們週六的上午去管委會辦公室，參加最後的評比。

三對夫妻如約來到，他們一對對相擁著在管委會辦公室外的椅子上坐著，等待評委的召見。評委將第一對夫妻請進了辦公室，請他們說說他倆是如何恩愛的。妻子說，前幾年她癱瘓

了，臥病在床，醫生說她能站立起來的可能性很小，她絕望得幾乎要自殺。但她的丈夫鼓勵她活下去，多方為她求醫，對她不離不棄，而且幾年如一日地照顧她，任勞任怨。在丈夫的關愛下，她終於又站了起來。她的故事十分感人，評委們聽了，都為之動容。

隨後進來的是第二對夫妻，他倆說，結婚十年，他倆之間還從來沒紅過臉吵過架，他倆一直相親相愛，相敬如賓。評委們聽了，暗暗點頭。

輪到第三對夫妻了，卻很長時間不見第三對夫妻進來。評委們等得有些不耐煩了，就走出辦公室看個究竟。只見第三對夫妻仍然坐在門口的椅子上，男人的頭靠在女人的右肩上，已經睡著了。有一個評委當時就要上前喊醒那個男的，女的卻用手指放在唇邊做了個噤聲的動作，然後小心地從包裡抽出一張紙、一支筆，寫下一行字遞給評委。做這些的時候，她都是用左手做，而且動作輕柔，生怕驚醒了自己的丈夫，她的右肩一直紋絲不動，穩穩地托著丈夫的腦袋。

評委們看那紙條，因為字是女人用左手寫的，所以字跡歪歪扭扭，但是大家還是看清了，上面是這麼一行字：別出聲，我丈夫昨晚沒有睡好。

一個評委提起筆在後面續了一句話：但，我們要聽妳夫妻倆的講述，不叫醒妳丈夫會影響我們的工作。

女人接過紙筆，又用左手歪歪扭扭地寫下：那我們就不參加評比了，沒有什麼能比讓我的丈夫美美地睡上一覺更重要的了。

評委們都驚了，這個女人為了不影響丈夫睡覺，居然放棄評比，真是有點本末倒置。但他們還是決定等待一段時間。

一個小時後，那個男人醒了，女人的右手終於能夠活動了，她從包裡掏出一塊紙巾，想將男人嘴角流出的口水擦淨，但手才舉到半空，紙巾就掉了。男人驚問她怎麼了，她溫柔一笑，說：「沒事。」

這時，有個評委早就等不及了，拉上男人就往辦公室走，女人這才伸出左手悄悄地按摩右肩，她見有幾個評委在關切地看著她，便歉意地一笑，說：「真的沒事，是肩膀被他的頭壓得太久，麻了。」

男人被請進辦公室後，評委們便問他怎麼睡得這麼沉。男人不好意思地笑笑，說：「我家住一樓，蚊子多。昨晚半夜的時候我被蚊子叮醒了，這才發現家裡的蚊香用完了，半夜裡也沒地方買，我怕妻子再被叮醒，所以我就為她趕蚊子了，後半夜就沒顧上睡。」評委們聽了，一愣一愣地，一時間，大家都沒有做聲。

這對夫妻很傻嗎？可是，管委會卻把最恩愛夫妻獎，給了他們。

文章的最後，作者總結說：「婚姻生活本來就是平淡的，它是由一個個平淡的愛情細節組成的，只要夫妻雙方能夠將每一個生活細節都演繹得愛意融融，只要在每一個生活細節裡都注入關愛的心意，那麼，他們所擁有的婚姻，就是最完美的婚姻。」

妳想人家愛妳，妳先愛人家，愛永遠都是相互的，傷害也是如此。朋友之間如此，戀人之間如此，夫妻之間更是如此。有這樣一種說法：「一個聰明的男人跟一個聰明的女人在一起，那叫羅曼蒂克；一個聰明的男人跟一個傻女人在一起，那叫婚姻；一個傻男人跟一個聰明的女人在一起，那叫婚外戀。一個傻男人跟一個傻女人在一起，那叫幸福。」

婚姻家庭各有各的不同，每個人在家庭中扮演的角色也不一樣。但是，任何一個家庭都需要雙方的相互理解，相互支持，相互關心，相互愛護。所以，如果雙方都能從關心對方出發，先替對方想想，考慮對方的感受，然後再自行安排自己的活動。這樣，婚姻才能持久美滿。

男人願意給傻女人一個溫暖富足的家

女人再聰明能幹，最後也要戀愛結婚。但是，太聰明的女人無法將自己嫁接在男人身上。比如張愛玲，不能將自己喜氣洋洋地託付給男人。如果說胡蘭成使她受傷折翼，那麼嫁賴雅應該是身心俱疲後的殘喘。太聰明就得不到俗世的幸福，就沒有男人可以承載。

男人在外面總是面對聰明人，對聰明的女人已感觀麻木，更多地只是視她們為有女性特徵的聰明同性。他們在外面常與人鬥智、辯駁，並不缺少磨練口才或鍛鍊大腦機能的機會。也許，他們靜下來時更想要一雙溫柔的手揉揉他緊繃的雙肩，一杯淡淡的茶喚醒他麻木的嗅覺，一句輕輕的承諾或贊許溫暖他凝固的心房。女人，應該寵愛自己的愛人，給他一點自由，給他一點空間，在那個時候他會感激妳的體貼。

偉軍是那種愛玩的男人，收不住心。可是，婚後的他卻成了標準的好丈夫。同事們都想知道，到底是怎樣一個大美人，讓偉軍心甘情願為她改變？後來他們才發現，偉軍的妻子其實並不是什麼美女。

偉軍是個足球迷，有一次他在上班，他的妻子給他發來無數條足球賽的消息。那手機消息的叮咚聲，讓多少男同事無限的羨慕。因為女人大都對足球沒有興趣，家裡不允許他們看。同事們這才有點理解，為什麼那個相貌平平的女人會讓偉軍這樣的帥哥著迷了。

女人再聰明能幹，最後也要戀愛結婚。但是，太聰明的女人無法將自己嫁接在男人身上。比如張愛玲，不能將自己喜氣洋洋地託付給男人。如果說胡蘭成使她受傷折翼，那麼嫁賴雅應該是身心俱疲後的殘喘。太聰明就得不到俗世的幸福，就沒有男人可以承載。

小剛有一個嗜好：打橋牌。一有空，就找朋友「開戰」。可是要命的是，他女朋友打牌特別會算，又好勝，而且說話不饒人。每次小剛出錯牌，她不是給小剛臉色看，讓小剛在朋友面前很沒面子。本來打牌是為了放鬆，可是他的女朋友卻讓他腦筋動足。

後來，他們分手了，當然不是為了打牌這樣的小事。不過，可想而知，那女孩自恃聰明和尖銳的個性當然也會體現在其他事情上，小剛只好臨陣脫逃。

小剛後來又有了女友，有空還是一道去打牌。可是氣氛跟以前大不一樣了：小剛出錯牌，女友會很寬容地笑笑或扮個鬼臉；到了勝負關鍵時刻，她還會偷偷給小剛做暗號。牌贏了，女友又拍手、又歡呼；牌輸了，她要懲罰小剛，但這種懲罰比獎勵還舒服——她讓小剛送她回去，並背她上樓，直到她家門口。所以小剛有時還故意輸牌呢！她真是傻得沒法不讓小剛深深地愛惜她。

男人最怕女人工於心計、過分尖銳。再成熟的男人，在愛人面前也首先是個小孩，既希望自己愛著的女人給他母愛般的寬容和理解，又希望她有一顆童心，能跟自己傻傻地、真實地相處——與這種傻女人在一起，男人覺得既安全又溫馨。

傻女人看來處處都不如聰明女人，但傻女孩最終卻總能得到幸福。有疼愛她的丈夫，有融洽的人事關係，有安逸舒適的生活等等。所有的真相，都中了那句老話「傻人有傻福」。可能這一點聰明女人始終想不通。因為女人傻，人們才會自然不自然的靠近她。因為她傻，所以顯得為人厚道，別人會不自然真心實意的待她，不會像防聰明女人一樣去提防她。

男人都願意娶傻女人，作陪伴自己終身的伴侶，而遠離聰明女人。因為，聰明女人男人覺得伺候不起。男人喜歡傻女人的沒心眼，感情投入。男人情願給容易滿足的傻女人更多滿足，也不願意把自己努力的成果給欲壑難填的聰明女人。

總之，在男人眼裡，女人的「傻」是他們的至愛。他們的感情，甘願被傻裡傻氣的女人調遣。就算有些男人有足夠的智力，也往往不願去招惹聰明絕頂的女人。因為，男人感覺對傻女人的愛來得自然簡單。所以，男人願意給傻女人一個溫暖而又富足的家，心甘情願成就傻女人的幸福。

女人用「癡傻」贏得男人的愛

女人的癡情猶如纏繞在橡樹上的藤蘿，緊緊地纏繞在橡樹的軀幹枝節上，以致留下了一匝一匝的痕跡。在女人那柔嫩的肌膚下，骨子裡隱藏著就連女人自己都不知道的十二分的剛烈和固執。

女人癡情，千古有之。如：織雲彩的織女，化蝶的祝英台，被拘禁在雷鋒塔底的白素貞……癡情往往被世人看作是女人的本性，是女人善良柔弱從而要依附男人的表現。女人是男人的另一半，男人要是沒有這一半，就會顯得很不完整，同時也會覺得很寂寞，於是上帝就創造了女人。男人尤其贊成這個說法。

癡情的女人心地善良，感情細膩豐富，是最溫柔美麗的女人，也是讓男人看起來癡癡傻傻的人。癡情的女人喜歡的是那種對愛坦誠相待，不移情別戀，能寬容大度理解她的男子漢。當女人遇到這樣的男人，就會用畢生的情來守候這份愛，用心血來澆灌這份愛。假如她在喜歡上一個男人的時候，卻無意中發現他移情別戀的證據，她也不會一驚一乍，讓全世界都知道。她會忍受著刺心的痛，裝著傻乎乎的什麼也不清楚。女人這麼做，是想給他悔過自新的機會，是愛他太深，捨不得放棄。

晨晨不是男朋友的最愛，這一點，她心裡十分清楚。在晨晨之前，男友有一個青梅竹馬的初戀。曾經滄海難為水，男友對晨晨的感情始終都沒有那麼熱烈。爭吵了幾次之後，晨晨發現這個問題只能慢慢解決，於是靜觀其變。

不久，男朋友的初戀情人要結婚了。男朋友想讓晨晨和他一起出席婚禮，並希望晨晨幫她挑選一份恰當的禮物。晨晨假裝很大度地答應了。男朋友看到晨晨細心地幫他挑選禮物，感動極了，一直把晨晨的手攥得緊緊的。回到家，晨晨又給盒子包上了漂亮的包裝。一向木訥的男朋友一個勁兒地謝她。

在婚禮上，男朋友看到穿著婚紗的新娘不禁有些失態，還抓著新郎的手不放，要他一定好好照顧新娘子。晨晨能夠明白男朋友內心的痛苦，也就沒有勸他。那一晚，男友醉得不省人事，還吐了一身。等到晨晨幫他弄乾淨送他回家，已經將近凌晨兩點。

第二天一大早，睡眼朦朧的男朋友就敲響了晨晨家的門。他說，謝謝晨晨陪他去和那一段初戀告別，以後他的人和他的心都將屬於晨晨。晨晨聽著，流著眼淚笑了。晨晨用自己的癡傻贏得了男友的心，也換來了一生的幸福。

癡情的女人期望她的癡情能換回男人的愛。因為她覺得這樣會更安全些。女人一生不就是期求能找到一個能夠給她安全的男人嗎？如果是對方很有責任心的男人，他們是會很看中那張薄薄的婚書的。因為，只要拿到那張薄薄的紙，就意味著這個女人從此就是他的了，從今以後他就得挑起居家過日子的擔子。

當然，女人癡情只是情深情癡，並不意味著要一味縱容男人，更不要失去自我。女人的癡情常常被認為是女人的軟弱和善良。而事實上，癡情的女人大都是比較剛烈和執著的。

俗話說：癡心女子負心漢。癡情的女人不管男人如何一次次在背信棄義，也不管家人的種種阻撓，或是旁人一次次地直言相告，她們總是義無反顧。司馬相如的一曲《鳳求凰》令卓文君心生愛慕，不顧家庭的阻撓，毅然與他私奔。但是，當司馬相如被舉薦做官後，久居京城，賞盡風塵美女，加上官場得意，竟然產生了棄妻納妾之意。

傳說司馬相如派人送給卓文君一封信，信上寫著「一二三四五六七八九十百千萬」十三個大字，並要卓文君立刻回信。聰明的卓文君讀後，淚流滿面。一行數字中唯獨少了一個「億」，無「億」豈不是夫君對自己「無意」的暗示？她懷著十分悲痛的心情，回了一封《怨郎詩》，表達自己愛恨交織之情。

司馬相如看了，內疚了那麼一陣，然而過了段時間，又動了納妾的念頭。卓文君聽聞，傷心欲絕，她沒有想到兩人曾經真心相愛、舉案齊眉，也有被丈夫遺棄的一天。馬上寫了一首《白頭吟》附《訣別書》寄給司馬相如。

「朱弦斷，明鏡裂，朝露缺，芳時歇，白頭吟，傷別離，努力加餐勿念妾，錦水湯湯，與君長決。」這幾句明顯流露了卓文君誓與司馬相如決裂的心情。

司馬相如看了以後，想起當初的《鳳求凰》，想起以前當爐賣酒。而他，即將失去這個對他最好，用情最深的傻女人。司馬相如羞愧無比，終於打消了納妾的念頭，浪子回頭，辭官歸隱，總算做到了「不相離」。

其實癡情的女人並不是真的「昏了頭」，她們之所以傻，只是想讓自己無怨無悔，盡最大的力，若還是無望，便灑脫地放手。看似癡傻而脆弱，其實柔弱卻堅強！遺忘的那一刻是真釋然了，他不會再令她有任何留戀。希望和陽光重又寫在臉上，因為她從來就沒有放棄自己！

小測試

戀愛中，妳是一個癡情女嗎？

以下幾種小點心妳會選哪個送妳的親密愛人呢？

A．提拉米蘇
B．栗子派
C．水果拚盤
D．泡芙
E．草莓蛋糕

測試結果

選A的人：

妳是一個情種，癡情度百分百，妳一旦愛上對方就不惜任何代價。對於無法開花結果的戀情，妳也有辦法讓自己沉浸在感傷的回憶裡。若對方是個有危險魅力的人，妳可要小心因愛受傷哦！

選B的人：

自我意識強烈又注重權威和規矩，對愛情的態度是盡可能保持適度犧牲而不能有辱自尊，所以妳的付出有時會成為對方的負擔。談戀愛的時候妳會自編自導來場角色扮演，原本只是為了扮好稱職的女朋友角色才為他付出，沒想到卻入戲太深……其實妳也是癡情的典型。

選C的人：

妳有著纖細又敏銳的直覺，但是妳的自我防衛意識較高，雖然平常老愛佯裝喜歡備受呵護更勝於付出，可是暗地裡卻對完全付出後徹底破滅的戀情懷有無限憧憬。內心為愛癡狂的地雷一旦引爆，妳就會漸漸陷入自我犧牲的泥沼中，千萬要當心哦！

選D的人：

妳總覺得一步一個腳印每天不斷努力，愛情才會有辦法來永久經營。平時妳只是默默付出誠意與關懷，既不標新立異也不虛偽做作。其實，如果妳能反過來多接受對方的付出，一切都會更順利。不過當真發生這種情況時，搞不好妳反倒會失去重心，無法穩住陣腳。

選E的人：

戀愛對妳來說是一種充滿力與美的遊戲，應該盡情享受。在妳眼裡，無論是為愛犧牲的美，還是看人癡狂的喜悅，只是立場不同罷了。當人家為妳癡狂的時候，妳偏偏置之不理，等到人家疲憊了決定要走人，妳可能又會惋惜地眨巴眼睛：「他怎麼又不追我了呢？」真愛來了一定要抓住哦！

裝傻不是真傻，
是為了一生一世的幸福

第三篇　女人會裝傻，男人有福氣

——女人裝傻是為給男人台階下

女人裝傻的時候，也正是男人最幸福的時候，他們不願面對犀利的女人。她們希望女人睜著美麗的眼睛，即使有所困惑，只需要一個吻、一句誓言、一個承諾便能安撫。因此女人裝傻其實是為了愛，一種以退為進、包容的愛，她們的傻，成全了男人的面子與自尊。

女人裝傻是為了成全男人的面子

當一個男人在妳面前大談他曾泡過多少個「媚妹」，曾賺過多少外快，曾和多少個名人、大老闆共進晚餐，妳大可不信，但千萬不要打擊他的「談興」。相反，妳最好傻傻地回應他一句：「真的嗎？妳好酷啊！」這會讓一個男人好好地滿足一下他那虛榮的「尊嚴」。

大凡歷史上男人發起的戰爭，無外有兩種原因：一是權利，二便是女人。男人為了心中女人的傾城一笑，可以拿出自己多年雪藏的寶劍，用自己的生命去做賭注。

妳以為絕代美人真的能讓男人「沖冠一怒為紅顏」嗎？其實不然，他們只是覺得輸了自己的「東西」，感到丟臉，所以才翻臉打架殺人的。

女人的一笑，的確是為男人而笑。男人為女人而戰，其實是為自己而戰，是為面子而戰。男人拚命的賺錢，拚命地往上爬，出沒於高檔場所，打扮得衣冠楚楚，目的不過是為了活得更人模人樣，活得更高人一等，活得更有「面子」。

世上大多數的男人，基本上是為了「面子」活著。男人說為了女人為了孩子他會付出一切，而且顯出很悲壯的樣子。其實女人和孩子的「面子」就是男人的「面子」。歸根到底，男人生為「面子」，活為「面子」，甚至苦苦地為「面子」而支撐著，不知疲倦地活著。

當一個男人在妳面前大談他曾泡過多少個「媚妹」，曾賺過多少外快，曾和多少個名人、大老闆共進晚餐，妳大可不信。但千萬不要打擊他的「談興」，相反，妳還可以傻傻地回應他一句：「真的嗎？你好酷啊！」這會讓一個男人好好地滿足一下他那虛榮的「尊嚴」。

在家的時候，男人可以是一張「苦瓜臉」，他可以任老婆「欺凌」，可以罵不還口，打不還手。但是在外面的時候，女人一定要讓他以「大丈夫」的形象自居，給他一張絕對「大男人的臉」。在上司面前，男人通常都會有一張「笑臉」，而面對下屬時，男人則會有張「冷臉」。

為了面子男人可以不惜一切。萊蒙托夫剛剛還在感嘆普希金重名輕生，轉眼之間就倒在同樣決鬥中的虛榮劍下。拿破崙多次輕蔑婚禮的庸俗和繁縟，他的婚禮卻比任何一個俗人都更加壯觀。只要面子保住，一切都不成問題。說謊不過是男人維護面子的基本功。

為了「面子」，男人可以高談闊論，男人可以很紳士，男人甚至可以一擲千金。為了「面子」男人很累。男人不願意在他人面前顯出自己的弱小，顯出自己的無能，顯出自己的寒酸，顯出自己的不如意。男人，有苦也只能藏在心裡，有淚也只好往肚裡流，這不能說明男人堅強，只不過是男人在捍衛自己的「面子」罷了。

男人為了維護自己的面子，一般來說，男人都是不肯認錯的。在他知道錯的時候給他一個台階下，他會知恩圖報的。體諒一個男人，那就是把他當成妳的愛人、情人、哥哥、朋友、父親和孩子。愛他，就不要給他負擔，要給他自由。

做女人要知道什麼時候該進什麼時候該退。什麼時候該擋在他的面前；什麼時候該躲在他身後。把他當成自己去愛護的對策，成全了他的幸福，他才會成全妳的幸福。所以女人在必要的時候要為了男人的面子裝裝傻，在外面明知男人做得不對也要裝作不知道。

他和朋友出去喝酒、打牌，女人不要一個勁地追問他為什麼不帶妳一起前往。男人都願意作風箏，只要線還在妳手裡，那麼就放他去飛吧。男人每個月也有那幾天，跟女人差不多，心情無故低落。這個時候聰慧的女人不要問他怎麼了，只要傻傻地陪在他身邊，做好妳自己就可以了。

在他的朋友面前，要給他十足的地位。面子對男人來說比什麼都重要，不要介意在人前當個小女人，不要介意裝得傻一點，不該聰明的時候就要裝作什麼都不知道。要知道小女人都是男人寵出來的。

會裝傻的女人永遠都知道給自己的男人留足面子。朋友和丈夫結婚十多年了，依然情意濃濃，就是因為她懂得面子在男人心中的分量。在她的家裡，她「傻乎乎」地制定了這樣的「家規」：

第一條：事實證明老公永遠正確，一切事情都由老公作主；第二條：萬一他不對，仍參照第一條執行。老公的朋友都知道他在家裡是「老大」，丈夫覺得他在朋友面前真有面子。結果朋友的丈夫在感動之餘又暗自添了一條：夫人享有總裁決權。

男人雖然外表看上去「粗枝大葉」，但內心並不像外表那麼堅強。因為他們要在外面打拚，比較在意別人的看法。已婚男人，他的面子很多時候是妻子給的。面子，雖說不能當飯吃，但也是很重要的一個精神因素。因為，它關係到一個人的自尊。生活中，人不只是吃飯、穿衣那麼簡單。所以，許多時候男人很在乎妻子對他的評價。

給男人留點面子，在許多方面，不只局限於一件事兩件事上。經濟上，在家庭生活說得過去的情況下，傻女人不會讓丈夫的錢包空空如也，更不會讓他成為一個真正的「無產階級」。日常生活中，傻女人不會用電話「遙控」丈夫，像偵探一樣，把他看得喘口大氣都要彙報。生活在一起，難免有磕磕碰碰，在爭吵的時候，傻女人不會驚擾四鄰。常言說的好：家醜不可外揚。

面子，也是自尊心的一個代名詞。名作家毛姆曾說：「自尊心是一種美德，是促使一個人不斷向上發展的一種原動力。」在現代的夫妻關係中，聰慧的女人會在恰當的時候裝裝傻，以保全丈夫的「美德」。

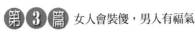

女人裝傻可以讓男人有優越感

面對男人與生俱來的統治欲，女人大可不必堅決高舉女權主義的旗幟，處處和男人硬碰硬。其實女人們適當地裝裝傻，照顧一下男人的情緒，讓他表現得比自己更優越，生活就會很輕鬆。女人這樣做不單純是為了討男人的歡心，也是為了更好地生存。

在這個世界上，男人本來應該是男人，女人本來應該是女人——男人陽剛，女人陰柔；男人高大，女人嬌小；男人雄健，女人嫵媚……然而在現實中，一些女人過於獨立強悍，在許多方面與男人愈來愈接近，使得男人們賴以展示雄風的舞台相對縮小了。

一幅漫畫形象深刻地描繪了男人和女人成功後的境遇：一個事業有成孤零零的女人背後是一片空白，一個人影也沒有——男人們都跑光了；而一個事業成功的男人背後卻跟了一大串女人，花紅柳綠熱鬧非凡。

觀念的改變不是一天兩天十年八年的事情。從性別角度來說，女人和男人相抗衡，爭勝負，也是毫無意義的。人們不是常說「男人靠征服世界來征服女人，女人靠征服男人來征服世界」嗎？

那麼面對男人與生俱來的統治欲，女人們該怎麼辦呢？是裝裝傻，讓他表現得比自己更優越，還是堅決高舉女權主義的旗幟，和男人硬碰硬？

事實上，有些時候女人們適當的傻一下，照顧一下男人的情緒，生活就會很輕鬆。不單純是為了討男人的歡心，也是為了更好地生存。

從這個意義上說，真正的好男人，大都是他那大智若愚的妻子在無形中精心塑造出來的。

有位做自由撰稿人的朋友，他本人學富五車，才華橫溢；他老婆則是一個真正淳樸善良老實且很會裝傻的傳統東方女性。家裡來了漂亮的女孩子，他老婆往往會迴避，一般會說：「我去市場買點菜，中午做好吃的。」並且一去就是幾個小時。

這位朋友常常逗他老婆，說：「家裡來個漂亮的女孩妳怎麼就跑，我要是『出事』怎麼辦？」

他老婆竟大惑不解地說，怎麼會那麼容易就出事！朋友說，現在都什麼時代了，感情上的事一拍即合，特別是有些愛好文學的年輕女孩出於對作家崇拜，招之即來，揮之還不去呢！他老婆卻笑著說：「別吹了，你又不是大文豪！」

朋友覺得可能自己的語氣不夠強，於是加重語氣說：「現在作家都有情人，也就是像當年的小妾。我其實已經有好幾個，只不過是妳不知道。」

他老婆聽後愣了一會兒，眼裡露出一絲不悅的神色。但誰知道她沉吟了一會兒，似乎有點氣憤卻又似乎有些得意地說：「反正我是正宮！」

朋友當時感覺自己在老婆面前特別MAN，忍不住哈哈大笑，抱住他那個傻得可愛的「正宮」老婆親個沒完。

「裝傻」是一種技巧。好朋友和丈夫結婚十年，依然恩恩愛愛。她的秘訣是：永遠讓自己不如男人。男人是很要強的，妳若處處跟他爭，會讓他覺得自己很沒地位。如果妳多讓他幾分，讓他覺得自己很了不起。特別是在人多的時候，讓他出盡風頭，自己永遠躲在他背後當他的影子，他不但會感激妳，更會加倍地對妳好。這麼划算的事，何樂而不為？

裝傻是一種素養，它與性情、品格、教育、閱歷有關。裝傻是成熟、隱忍和寬容，更多的是一種秉性，沒有這種秉性，裝傻就成了交通違規錄影，每天盯著，又不能讓人發現，裝得太辛苦。

聰明的女人不容易得到幸福，就是因為她把一切都看得太透，凡事在她的眼裡都不那麼簡單。殊不知，如果一個人想事太複雜的話，那麼她一定不快樂！相反，如果一個女人在一些小節上不斤斤計較，恰當的時候裝一下糊塗，把事情想得簡單一點，那麼她會活得比較輕鬆。她的男人也可因此而放心地在外面創事業。

一個傻女人的高明之處就在於她知道男人永遠都是男人，知道女人在某些細節上就應該多包容男人一些。她能夠對男人的一些壞習慣不動聲色，信任男人的魅力。她的包容、她的信任在一定程度上不但給男人造就了一個寬鬆溫馨的家庭，同時也贏得了男人的疼愛和珍惜。

女人裝傻讓男人活得更輕鬆

現在的社會，是個高速發展的經濟社會，競爭非常激烈，這在無形中給大多數男人的生活和工作都帶來了很大的壓力。一個聰慧的「傻」女人會給男人一個舒適而溫馨的家，可以讓男人活得輕鬆而自在。

作為男人，肩上的壓力是不可避免的，這是自古以來，也應該說是父系社會以來就一直存在的。古時候的男人要刀耕火種，征戰沙場，養家餬口……隨著婦女權利的解放，男人雖然不用獨自支撐整個家庭的經濟收入，但壓力確實是有增無減。

現代社會給男人賦予了更多的使命：堅強、沉著、獨立、寬容、能幹。而衡量一個男人是否優秀是否成功的標準，基本就是男人的事業，男人的財產。因此，財產便成了大多數男人一生所追求的目標。然而並不是每個人都能成功，不成功的人還有正在追求財富的人都會感受到這其中的壓力。

社會進步了，消費品的日益增加，一方面極大地滿足了人在物質方面的欲望，另一方面也給人帶來更大的壓力。現代社會不像古代僅僅滿足於一日三餐，除此之外還有諸多的生活享受。在城市中生活的人，為了有一個棲息場所，一輩子的艱辛都要為此而付出。畢竟高額的房價不是一般的家庭所能支付得起的。除此開銷，還有子女的教育經費、生活品質的改善……等等都是經濟壓力的重要組成。作為男人，理所當然成為承擔這一切的主要力量。

女人可以依附男人，扶助男人；但男人不行，必須要勇於挑起這一切。

迫於生活的需要，男人自己要出去打拚，打工的男人要看老闆臉色；經商的男人要看客戶的眼色，就算是自己當老闆的男人也覺得累，因為他要照顧整個企業面。男人的責任與驕傲也在無形中成了一種壓力，因為出於責任和驕傲，男人不允許自己沒出息，更不能容忍自己沒有女人強。

一個聰慧的女人，她不會對自己的男人要求東要求西的，她更不會對自己的男人吹毛求疵。因為她不想讓自己在無形中也成為男人的一種壓力。雖然明白這個男人可能不是最適合自己的男人，也可能不會給她帶來富足的生活，但是這個女人偏偏就認定了他。她會傻傻地認為他能為自己點燃溫暖而安全的燈光，她會依舊傻傻地愛他、珍惜他、呵護他的心情和身體，傻傻地守著他，做他的傻女人。

這樣的傻女人不會在乎男人對時尚多麼的不瞭解。她只需要在逛街的時候，有他陪著她。

她也並不需要男人給她多麼專業的參考，只要在試衣服的時候，男人能夠說一句「妳穿這件衣服比別人漂亮」，她的心就會很欣慰。

她從不在乎男人的廚藝有多麼的精湛，她也不會要求男人為她做飯。她只需要在她做好豐盛的菜後，哪怕有點難吃，也能得到男人的一句讚賞。這樣，她就會很滿足很高興。

她不會在乎男人有多帥、男人多有錢；她更不會在乎男人能不能給她豪宅和名車。她只需要有一個屬於他們的小窩就行了。在雨天打雷的夜晚，男人能把她擁入懷抱，悄悄地說：「老婆，來，別怕，有我在。」這時她會傻傻地認為自己是這個世界上最幸福的女人。

傻女人不會在大事小事上嘮叨個不停，她不會強迫男人要和她有著同樣的興趣和愛好，她會尊重男人的愛好。她不會去改變男人，她明白每個人都有與生俱來的性格，妳眼裡的缺點可能就是他人眼裡的優點，她會傻傻地愛他的一切。

傻女人會像熱愛娘家人一樣熱愛婆家人。她有時寧願自己受點委屈也會把婆媳關係搞好。她不會為了一些小事與婆家耿耿於懷，動輒受氣就回娘家訴苦，讓男人飽受「三明治」的待遇。因為她知道這些都是得不償失的事情，只能讓心愛的男人為難、苦惱、鬱悶。

傻女人從不會嫌棄自己的男人沒本事，從不會拿自己的男人和別的男人一比高下。相反，她會常常誇讚自己的男人，哪怕男人並沒有什麼特別大的成就。因為她知道男人需要有人來幫他維護「尊嚴」。

傻女人不會和男人斤斤計較。家裡的瑣事她會毫無怨言地承擔下來。他明白男人在前方辛苦拚殺，深切渴望後方是寧靜的港灣，有著清新的空氣；有著美味可口的飯菜；有伊人的似水柔情……這樣疲倦而歸的男人的身心才能得以充分的慰藉，才能拋棄一切煩惱和壓力，盡情地放鬆。

女人這種在外人看來貌似傻傻的行為，其實只有一個目的，那就是她希望自己的男人可以活得輕鬆，活得開心，她不願看到自己的男人整日為生活所累。人活得輕鬆才會幸福，才會有好的心情，做一個傻女人，給自己一個美滿而幸福的婚姻。

傻女人讓男人在外面挺起胸膛做人

大多數男人的外表看似堅強，其內心實則很脆弱，他們需要女人的柔情似水、柔聲細語、輕憐蜜愛。自古道，英雄難過美人關。那就是因為男人被女人的一身柔情征服了。溫柔，讓多少男兒為之沉醉，揉碎了多少男兒的豪情？

女人的溫柔是一種情感的潤滑劑，男人會視女人的溫柔程度做出相應的反應。所以，聰明的女人想要男人怎樣對待自己，就會施展怎樣的柔情。

女人的溫柔是分場合的。會裝傻的女人知道什麼時候該溫柔。男人在外面工作，回到家的時候很累，女人可以用溫柔可以化解他們的壓力，讓他獲得心理上的放鬆。有時，一個溫柔愛憐的眼神會勝過平淡的千言萬語。男人的弱點是禁不起誇，只要男人有所進步、有所表現，女人就不要吝惜自己的讚語。女人盡可發揮溫柔的天分，讓男人知道自己是被瞭解的，自己的才華有這麼一個女人懂得欣賞。

一般來說，男人比女人的脾氣壞點，但或許這也正是男人的可愛之處。倘若找個「溫火」的男人，妳可能又會說他缺乏「陽剛之氣」。火爆男人脾氣大，發脾氣時無控制力，因此，在他發脾氣時妳最好讓著他，等他靜下心來之後，再跟他講道理。

這時妳指出他的不足，男人就會認識到自己的「粗暴」和「理虧」，後悔自己的「粗魯」。然後他會在心裡特別崇拜妳感激妳。無形之中，妳的威信就倍增了。以後男人再遇到想要發脾氣的場合，他也會考慮妳的感受，格外看重妳，聽妳的話。所以說，不要在男人發脾氣的時候，和他針鋒相對，那樣只會兩敗俱傷。

公眾場合一定要給男人面子。男人或多或少都會有些大男子主義的，面子觀念極強。作為女人尊重男人，主要表現在當著外人的面給他應有的面子，這樣他會發自內心地感激妳。比如，與男人一道外出赴宴時，要打扮得漂漂亮亮，表現出很在乎他的樣子；家裡來了他的朋友和客人，要客客氣氣的主動招待；當著他的朋友的面不揭他的「短」，維護他的威信。只要妳在公眾場合維護了他，即便私下裡要求多一點，他也會很願意。

有這麼一個笑話：夫妻倆開了一家餐館，生意興隆。一日餐館打烊，有客人返回來尋找遺失的東西，正好撞上夫人河東獅吼「追殺」親夫，男人躲在桌子底下。見此情景，客人進退兩難，好不尷尬。這時太太急中生智，拍拍桌子：「我說抬，你偏要扛！正好來了幫手，下次再用你的神力吧！」男人心領神會，事後直誇老婆想得周到！

女人的溫柔就表現在這裡，善於照顧男人的面子，私下裡她怎麼修理老公，那是她的事。女人最好的愛是讓男人在外面能挺起胸膛做人，妳愈譏諷他，男人就會愈畏縮！愛面子的男人，最需要女人溫柔的愛。

男人的體魄比女人強，本來是應該多做點家務的，可是為什麼很多的男人就是不願意做家務事呢？這是因為女人沒有調動男人的積極性。如果在男人勞作時女人能溫柔地給他擦擦汗，並適時地誇獎或肯定他幾句。男人的自信心就會得到極大的滿足，甚至會覺得很有成就感。往後，他就會覺得做家務事是一件非常有意義的事情。千萬不可在老公辛辛苦苦地做家務事的時候，對他的「奉獻」視而不見，或者說什麼：「知道做家務事不容易了？我整天就是這麼過的！」這樣，他會覺得做家務事心理上很沉重，愈做愈沒勁，即便是原本願意做的事情時間長了也不願做了。

裝傻是女人的一種心機。善於裝傻的女人，一定是聰明的女人，一定能把握住自己的幸福。

女人的平靜與安詳是男人永遠的港灣

著名小說家屠格涅夫這樣說過：「假如能有一個女人，一個地方，關心著我，等著我回去吃飯的話，我將會放棄我所擁有的天賦及我所有的著作。」所以傻女人懂得營造一個安心的環境，讓男人永遠牽掛、惦念……

幾個男人圍坐一起，海闊天空，談著談著就談到了女人，談到了各自心目中渴望的女人。答案驚人的相似：要找就找那種善解人意的女人。理由是：在當今競爭激烈、躁動的社會裡，男人活得不易，女人內心的平靜與安詳是男人永遠寧靜的港灣。

男人是剛強和脆弱的共同體，有的男人是把榮譽和臉皮看得比生命還重。這些都是男人精神世界裡的禁區，會裝傻的女人總是很小心地不去碰這些禁區，她總是想著不要使男人的尊嚴受到傷害。當男人被某種事情糾纏住，男人自己不願或不便去解決，想求助自己的女人時，會裝傻的女人會在男人還沒開口時就去把那件事辦妥，過後就當什麼都沒發生過一樣。

會裝傻的女人知道自己身邊這個男人，雖然是她今生今世的至親至愛，但作為一個男人，他那顆心在屬於她的同時，更多的還是屬於他自己。她知道，在男人骨子裡事業還是勝過愛情。因此，會裝傻的女人，無論在什麼時候都不會把男人當成私有財產，要男人對自己言聽計從，不會在男人忙於工作時抱怨男人不顧家，也不會讓男人時時刻刻牽掛著自己。會裝傻的女人知道好男人就像是在高空中盤旋的鷹，只有當他想要休息時，才會回到女人身邊，才會想起享受他的愛情。

會裝傻的女人在男人提出感到壓力大時，絕不指責男人吹毛求疵或懶惰無能，她們會與男人並肩作戰，一同解決問題。她們不會過分高估或低估自己的男人，她們知道，他只是一個普通人——有優點，也有缺點。

會裝傻的女人不會和自己的男人鬥氣、鬥勇，更不會像潑婦一樣把男人打得像隻鬥敗的公雞。當發生爭執時，會裝傻的女人能夠視它為一種拉近彼此距離的溝通方法，而不會認為男人提出問題是在找麻煩。

會裝傻的女人知道，自己的愛人是現實中真正的他，而不是幻想中完美的他。所以會裝傻的女人不會過分要求男人超越自己的能力去取悅她，去滿足她的浪漫幻想。會裝傻的女人深知平平淡淡才是真，精心別致的晚餐，生日時的一份禮物，讀書寫作時送一杯香茗芳，點點滴滴總關情。

會裝傻的女人知道，在生活的河流裡，男人與女人風雨同舟。女人不僅僅是坐船的，也不僅僅是划船的，而是幫著男人撐船的。

會裝傻的女人是男人最渴望接近的女人，也是能夠燃燒、喚起男人激情的女人。男人們多數都是極具理性的，他們不會因為女人裝傻謙讓而得寸進尺，他們會對裝傻的女人心存感激。在現在這個浮躁的社會裡，只有會裝傻的女人才是家庭的港灣，男人休憩心靈的聖地。

女人的傻是男人生活的調味劑

笑是人生的調味劑，是女人快樂的一種表現形式，也是女人最大的感召力。充滿陽光的美麗，總比冷豔之美更容易為人所接受。女人傻裡傻氣的笑往往會讓男人的生活充滿陽光，女人偶爾的傻頭傻腦會讓男人因此而舒心。

俗話說：「傻人有傻福。」很多傻傻的女人，沒有什麼大志，也不知道操心，反而嫁給了一個會操心，有責任感，事業不錯，心地善良的好男人。家有一個「傻傻的」老婆也是男人的一種福氣。

傻老婆是聰慧的。在這裡說的是「聰慧」而不是「聰明」，「聰慧」是聰明加智慧，而不僅僅是簡單的聰明。因為一個只有聰明而沒有智慧的女人很容易淪落成為小聰明，而耍小聰明的女人，其實是很可憐的。小聰明的女人不容易快樂，在她的世界裡充滿了抱怨和不足。聰慧的女人是能時刻給老公帶來歡樂的女人，是知道滿足的女人。擁有這樣的女人，是男人的福氣。

傻女人的「傻」應該是裝出來的，而不是真傻。如果自己的老婆傻到一問三不知，傻到不會料理家務，那麼這樣就不是男人的福氣了，很可能會成為男人的一種負擔。傻女人是應該給老公帶來快樂的，讓老公覺得幸福的女人。

每個人都有不快樂的時候，每個人也都有煩惱、有情緒低落的時候，男人也是一樣。在老公煩惱時，聰慧的女人會傻傻地給老公一個安靜舒適的環境，她也會傻傻地一言不發裝作若無其事的樣子依偎在老公跟前。男人的煩惱有時是不願意告訴他人的，有時他尤其不想讓自己心愛的女人知道。

自以為很聰明的女人可能會追著老公問來問去的，不問出個所以然是不會甘休的。當然，這樣做的本意是好的，明白了老公的煩惱所在就可以更好地幫助老公解除煩惱。可是，偏偏老公就是不願意說呢，那不是讓老公更煩更沒心情嗎？與其這樣，不如傻一點，裝作不知道，等老公心情好點也許自會告訴妳。

快樂是發自內心、源於真情的，來不得半點虛假，半分造作。生活中原本就沒有那麼多的不如意，家庭中也沒有值得放棄快樂的地方，一切完全是在自尋煩惱。聰慧的女人會「傻裡傻氣」地開懷大笑，生活中的一件平凡的小事都可以引來她的一陣歡笑。男人整日被歡笑所包圍，心情自然會舒暢。

笑是人生的調味劑，是女人快樂的一種表現形式，也是女人最大的感召力。充滿陽光的美麗，總比冷豔之美，更容易為人所接受。女人和自己的男人在一起應該是歡樂的，相信任何一個男人都不願整日看著自己的女人愁眉苦臉的。男人工作了一天，家是他們放鬆的地方，他希望在家中可以輕鬆地和老婆孩子玩耍，洗刷掉一天的疲勞。

快樂有很多種，它隨時隨地充斥在我們生活的每一個角落。快樂的心境是自己創造的，生活中的快樂也是需要自己去捕捉的。老公的一個輕吻可以贏來女人一個甜甜的笑，老公的一條愛的簡訊可以讓女人樂上半天。別忘了，聰慧的女人會把這種快樂悄悄地傳遞給自己心愛的男人。

有些女人各方面條件都好，但就是太過於精細，一點不如意就不開心。老公偶爾回家晚了她會想東想西，等老公回來後盤問上老半天。她也會因老公忙於工作疏忽自己的生日而大吵大鬧……和這樣的女人在一起，男人會很累。

其實，聰慧的女人會把這些當作生活中的小插曲，一笑了之。相信女人的「毫不在乎」會讓男人自己察覺後而愧疚，等他來為妳補過生日時，不妨微笑著說：「是嗎？我怎麼不記得啊？」自己心裡雖然明白，甚至有怨言，可是恰當地給男人一個台階，那麼，一個美麗而幸福快樂的生日晚會就屬於妳了。

聰明強幹的女人會讓男人覺得很累，所以聰慧的女人會讓自己的男人覺得輕鬆而舒心。一個聰慧的傻女人會讓自己男人的生活充滿陽光和歡樂。凡事不過於較真，偶爾「傻」一下，裝作若無其事，妳的婚姻會永遠充滿陽光。

擁有傻女人是男人的福氣

有時候聰明的女人會讓男人感到很累，倒是「傻」點的女人能夠讓男人覺得舒心。「壞」男人懂得討好女人，而「傻」女人又可以滿足男人的大男人心理，因此「壞」男人與「傻」女人就成了絕配。家有一個傻裡傻氣、大大咧咧、凡事不斤斤計較的老婆不能不說是男人的一種福氣。

有人說：「一個本身很聰明的男人絕不會愛上一個聰明的女人，因為聰明的男人已經很累了，他會覺得和一個聰明女人在一起更累。」大多數比較有智慧的男人，骨子裡都巴望身邊的女子稍微有些弱智。因為在男人強勢的心態下，更能充分地表現他們的忍讓與寬容。男人們處理昏頭昏腦的女子從來都是得心應手。

男人不「壞」，女人不愛。換言之，也可以說女人不「傻」，男人不愛。不知道為何，男人往往就喜歡傻女人。究其原因，壞男人懂得討好女人，而傻女人又可以滿足男人的大男人心理，因此壞男人與傻女人就成了絕配。

其實女人為什麼會變傻？無非是為了愛情，在愛情面前女人一個個的都成了傻瓜，明知道再深的愛也經不起流年的侵襲，但還是如飛蛾撲火般的投身而入。因為她相信，只有婚姻才是愛情最好的歸宿，當親情代替了愛情之時，愛便被永遠深藏在記憶中，等待兩人老的哪兒也去不了時，可以坐在搖椅上慢慢地回憶。

傻女人不計較，為了所愛的男人，願意付出自己的一切。傻女人總相信這世界上的愛可以天長地久，相信真心所愛的男人會永遠對自己好，相信只有自己才是最適合對方的女人，因為沒有另一個女人會比自己對他更好。

傻女人總會對自己的男人充滿崇拜感，在她的眼裡只看到對方的優點，看不到對方的缺點，她讓男人的成就感無限的膨脹。傻女人知道男人也是需要關愛的，一個擁抱、一句關心的話語、一桌可口的飯菜都會讓男人感覺自己幸福異常。

傻女人不會翻看男人的手機，期望從中找出一點男人不忠的蛛絲馬跡；傻女人也不會查看男人的日記，期望從中找出點男人變心的來龍去脈；傻女人更不會跟蹤男人的行蹤，懷疑他與女同事吃飯就是偷偷地幽會……

其實這樣的女人並不傻，只是對自己足夠自信而已，她只會安安靜靜地做自己該做的事，給男人營造一個溫馨的家園，給自己一個獨處的空間。

傻女人會給男人留面子，在外人眼裡，她永遠是小鳥依人狀的小女人，因為她相信這個男人可以給自己最好的保護，她願意將自己的一生都交託給男人。傻女人對未來總是充滿著希望，因為心裡充滿了愛；她要將自己的快樂與人分享，因為有個男人將她當成手心裡的寶。傻女人總是相信幸福很簡單，只要自己用心去對待便可以得到，所以傻女人總是在很認真的生活著。

傻女人不會說謊，因為她認為說謊是很不道德的行為。傻女人總會處處為人著想，害怕自己不經意間會傷害了別人，所以傻女人總會委屈了自己來成全別人。只是傻女人並不等於笨女人，她的付出她的努力都是為了讓這個家庭更加美好。如果不幸遇上個不懂珍惜的男人，傻女人受到了傷害只會哭泣，如果遭遇了背叛，她也會義無反顧的絕然而去。因為她知道愛情是承受不起背叛的，當一份感情變了質的時候，該學會的是放棄。她情願把傷心留給自己來成全別人，也不願意讓自己當一個愛情的傀儡。

傻女人知道生活是不能沒有比較的，但她也知道應該學會知足。女人是不能缺少追求的，但更應該活得從容，只有透過自己的努力與奮鬥得來的，才會得到更多的愛情與親情，即使沒有輝煌的一生，也不能任憑自己虛度一生。

如果一個男人的身邊有這樣一個傻女人，那麼他就是幸福的。只要他用心地來愛這個女人，她就會永遠跟隨在他身邊。這個傻女人不會羨慕別人的豪宅、跑車，也不會羨慕別人天天鮑魚魚翅，因為對她來說，只要擁有愛情就已心滿意足。

一個成功的男人背後無論有多少個優秀的女人，排在第一位的一定是一個幸福的傻女人。因為她的傻，給予男人無微不至的關懷；她的傻，也造成了男人與其他女人方便的接觸。這個女人不是別人，正是那個男人一生相隨相伴的，傻得可愛的妻子。這個女人，無論那個男人是貧窮還是富有、是高官還是貧民，她將永遠作為妻子，伴隨在男人的身邊。

有了這樣一個傻傻的女人，男人可以放心地在外面闖事業，回到家裡可以舒心地享受傻女人給他的愛。相信這樣的福氣是任何男人都想要的！

傻女人懂得用愛給男人減壓

曾幾何時，浪漫而美麗的愛情在人們口中，似乎變得那麼勢利，變得那麼奢侈，變得那麼高不可攀。在無數的女人抱怨說男人無情，男人不知道珍惜她們的愛時，男人卻說有時女人的愛是一種壓力，男人解釋說他們是因愛才離開的……

自古以來，愛情就是一個永恆的話題。早在兩三千年前的春秋時代，我國第一部詩歌總集《詩經》就收錄了大量的愛情詩，裡面描述了眾多男女的愛情。這裡的愛情是純潔的，充滿幻想的，甚至是無拘無束的。在唐宋時期，許多著名詩人的詩也是以愛情為主題的。如：

紅藕香殘玉簟秋。輕解羅裳，獨上蘭舟。雲中誰寄錦書來？雁字回時，月滿西樓。花自飄零水自流，一種相思，兩處閒愁。此情無計可消除，才下眉頭，卻上心頭。

——李清照

十年生死兩茫茫。不思量，自難忘。千里孤墳，無處話淒涼。縱使相逢應不識，塵滿面，鬢如霜。夜來幽夢忽還鄉。小軒窗，正梳妝。相顧無言，惟有淚千行。料得年年斷腸處，明月夜，短松岡。

——蘇軾

寒蟬淒切。對長亭晚，驟雨初歇。都門帳飲無緒，留戀處、蘭舟催發。執手相看淚眼，竟無語凝噎。念去去、千里煙波，暮靄沉沉楚天闊。多情自古傷離別。更那堪、冷落清秋節。今宵酒醒何處，楊柳岸、曉風殘月。此去經年，應是良辰、好景虛設。便縱有、千種風情，更與何人說。

——柳永

可見愛情早就成為人們所關注的話題，就連古時的文人也視愛情為生活中的一部分。

愛情是一個最難以言喻的情感話題，愛情也是一個古老而常說常新的話題。到了今天，愛情依然是人們生活中的主題。有多少人為愛而瘋狂；有多少人為愛而癡迷……

愛情是浪漫的，是美麗的，然而愛情有時也是有缺陷的。曾幾何時，愛情在人們口中，似乎變得那麼勢利，變得那麼奢侈，變得那麼高不可攀。在無數的女人抱怨說男人無情，男人不知道珍惜她們的愛時，男人卻說有時女人的愛是一種壓力，男人解釋說他們是因愛才離開的。

當愛成為一種束縛，當愛成為一種負擔時，難免會讓人敬而遠之。聰慧的女人知道什麼樣的愛是男人所要的，什麼樣的愛是男人所喜歡的。愛一個人沒有錯，也沒有人不希望被愛，可是，傻女人說有時愛需要講究分寸，有時愛是要講究方式的。

對大多數女人來說，愛是生活的全部，愛就是她們的生命。女人往往希望愛得轟轟烈烈的，天下皆知。然而男人一般比較實際，在現實生活中他眼中往往還有很多比愛情更重要的東西，比如工作、比如錢、再比如他的哥兒們……傻女人明白這一點，她不會因為男友有事而推遲他們的約會就怒氣沖天不依不饒。

傻女人對自己男人的愛不是束縛，她們不會因為愛就天天盯著自己的男人，她們也不會因為愛就禁止自己的男人和別的女人交談。因為她們認為愛一個人就要給他自由，她們知道男人除了愛還有更重要的事要做。

傻女人對於自己男人的謊言有時會傻傻地信以為真，她說愛有時是需要包容的。一般情況下，她會覺得，男人那些不違反原則的謊言正是他在乎自己的一種表現。有時男人說謊其實正證明了他對自己的愛，因為他很在乎她的感受，他怕她生氣。

傻女人知道男人在愛她時是真的愛她，當不再愛她時就算死纏爛打男人也不會回頭，因為他知道男人確實不再愛自己了。她說有時放棄也是一種美。當男人對她說分手時，她不會哭泣和流淚，更不會因此而折磨自己，她會灑脫地轉身走掉。她說她愛他就要成全他，愛他就是不要讓他看到自己傷心。

當然，在傻女人不愛男人時，當她決定離開男人時，她會毫不猶豫地婉轉地告訴男人。她懂得愛是需要真誠的，她也知道任何人都不需要假裝的愛，那樣只會帶來更大的傷害。

傻女人為了愛可以拋下自己的父母來照顧男人的父母；傻女人為了愛心甘情願挺著大肚子十個月，只為了替那男人生下一個跟男人姓的下一代；傻女人為了愛放棄一大車追她的帥哥，就為和男人長相廝守……

不管傻女人有多愛自己的男人，她都不會逼得他太緊，事無鉅細，統統在她的管制之內。她會讓男人輕鬆自在地生活。她往往會給對方一點空間，讓他自由地玩而不必向她請示彙報。

男人身邊有這樣一個愛著他的傻女人，他會覺得愛是甜蜜的，是幸福的，因為傻女人給他的愛是那麼地輕鬆，那麼的自然！

做男人的知己老婆

從某種意義上說，知己就像是另一個自己。人海雖大，但若要找到另一個自己是何等的困難。魯迅先生在弔唁秋瑾的輓聯中寫道「人生得一知己足矣，斯是當己同懷視之」，並以此來感嘆知己者的難能可貴。若能夠和知己相伴一生，那該是多麼美妙的一件事啊！

知己，從字面上理解就是知道自己的意思。知己是知道自己的人，但它更是賞識自己，理解自己的人。從某種意義上說，知己就像是另一個自己。人海雖大，但若要找到另一個自己是何等的困難。魯迅先生在弔唁秋瑾的輓聯中寫道「人生得一知己足矣，斯是當己同懷視之」，並以此來感嘆知己者的難能可貴。

知己是朋友，但朋友未必就會成為知己。朋友是可尋的，知己卻是可遇而不可尋的。人生活在社會中免不了與人交往，而與人交往自然就會產生朋友。朋友有很多種，有兩小無猜的朋友，有意趣相投的朋友，有榮辱與共的朋友，當然也包括了酒肉朋友和狐朋狗友。朋友也可以有很多，人常說多個朋友多條路就是這個道理。

在這個世界上男人最需要的除了一個老婆外，他還需要一個知己。一般人認為，老婆成不了知己，老婆就只是老婆。話雖這樣說，但能夠與一異性知己相伴一生的男人並不是沒有，就像曹雪芹與杜芷芳，孫中山與宋慶齡，周恩來與鄧穎超……這些人在成為夫妻後仍是知己。男人與其在婚外尋求什麼所謂的知己，倒不如自己的配偶就是知己來得實際些。愛情與知己，兩種人類最美好的情感結合在一起是多麼完美的事情。

一般男人認為，老婆是一種約束，約束自己不能隨便和別的女人交往；老婆的關心像一杯白開水，有時會成為一種嘮叨，只有在生病時才變成一種溫馨；老婆是一個家，是一個能給浮躁的心帶來安撫的港灣……但是老婆不是知己，老婆不理解自己。沒有知己，男人會覺得生活沒有意義。擁有知己，那是心靈的需要。

有這樣的女人，她能洞察男人的心思，知道在男人開心的時候說什麼，不開心的時候說什麼。她會在男人成功的時候默默的分享他的喜悅；男人失敗的時候適當的給男人支持和鼓勵，從來不讓男人有任何的壓力，不給男人製造麻煩。這樣的女人還知道進退得當，知道什麼時候自己該出現，什麼時候該迴避。這就是男人的知己老婆，這樣的老婆有時會有點傻傻的，但是傻得讓男人心滿意足。

傻女人會在男人失意的時候恭維他，在男人寂寞的時候給他精神安慰。她甚至會想盡一切法子把自己打扮得端莊得體一些，為的就是迎合男人的視覺享受，為了在男人帶出去時能撐場面。這樣的女人有時會跟「白癡」一樣，當男人談及他的初戀或者舊情人時，她會默默地聽著，傷心處陪男人一起傷心，開心處陪著男人一起開心。男人在這樣的女人面前可以暢所欲言，因為這樣的女人不會因為他的過去而追究什麼。

這樣的女人是聰慧的、善解人意的、美麗的、是在思想上與男人平起平坐的。男人把這樣的女人當作知己，女人又何嘗看不出這是一個鋪滿鮮花的陷阱，但是，她卻寧願裝傻甘願跳入。

男人說：男人喜歡輕鬆溫和的關係和輕鬆隨意的相處方式。他和她生活在一起，熟悉彼此的生活，幾乎無話不談。他們給對方一些切實的提醒和建議，也能為對方排解煩惱，給對方安慰。兩人的距離很近，但又獨立於彼此的生活之外，彼此尊重對方的生活空間。這種感情，很親切很溫暖，雖然有愛，但比愛要理性要清淡，不會瘋狂，所以也不會帶來傷害。

傻女人會細心地傾聽男人工作上的困境和不如意，她有時會幫著分析具體情況，提出建議，有時就算自己不懂，但她依然會耐心地聽著男人的傾訴。遇到事情，她不會比男人還急，她會讓自己冷靜地幫男人出主意，當一個忠實的旁觀者。

她的理解和關照，使男人在失意時可以抱著她痛哭一場。她不會嘲笑男人的軟弱，她會真心地去體會、心疼這種軟弱。男人有時喜歡借酒消愁，這時女人會靜靜地陪他一起醉到天亮。

男人在這樣的女人面前可以是倦鳥，可以是疲憊浪子，可以無助而柔弱，也可以慵懶和怠惰。因為她能寬厚溫柔的接納他所釋放的一切，理解他內心孤寂，默默地為他分擔，給他勇氣和信心，使他的靈魂不再孤寂。

這樣的女人在擔任家庭主婦的時候，她會為了迎合男人的興趣不斷地提高自己。她會讓自己在男人興致勃勃地談到世界盃、國際戰爭、世界新聞等時，能夠在一邊陪著男人一起侃侃而談，有時甚至會給一些經典的看法。

他因失意出門遠行，音訊全無，她心有牽掛，不止一次地撥電話，雖然每次都是關機。等他在外面玩夠了，蓬頭垢面地站在她的面前時，她只是輕輕地抱著他說：「妳回來了，在外面開心嗎？」她不會絮叨她的牽掛，她的焦慮，她的氣惱，更不會一個勁地盤問他去了哪兒。她知道男人有男人的生活和無奈。

當他意氣用事時，她會費盡心機地為他擺明事理；他有了錯誤她絕不遷就，她會不厭其煩地幫助他；他心情不好時，她也不會和他一般見識大吵大鬧，只會為他想盡一切來排遣煩悶；當妳愉快時，她也會愉快地和妳分享那份喜悅……她就是這樣，傻傻地待在妳身邊，又不會讓妳覺得是一種約束。她心甘情願在成為妳一生相知相伴的知己，她只有默默地奉獻自己。

一個男人，生命中有這樣一個不但刻骨銘心愛妳的女人，又能夠心有靈犀懂妳的女人，她不僅是妳的伴侶，也是妳知己，妳又有何求呢？

傻女人是「情人和戀人式」的老婆

在愛情的掩蓋下，很多缺點不足，都被忽視了。而在婚姻當中，雙方往往不能相互容忍，被忽視的缺點就會成為婚姻的裂縫。於是男人開始「花心」，女人開始「嘮叨」，男人沒了婚前的風度，女人沒了婚前的氣質……

有很多女人埋怨丈夫找情人，也有很多女人說丈夫在外面有戀人。其實，聰明的女人不會抱怨，她會成為男人的老婆同時做男人的情人，她會讓自己在婚後依舊是男人的戀人。

婚姻不能保證愛情的延續，有的女人結婚後會抱怨男人沒有結婚前對自己好了，男人那信誓旦旦的話語不見了，男人不再……其實，也有很多男人說女人結了婚就成為另外一個人了，完全沒有婚前的可愛和美麗了。

在愛情的掩蓋下，很多缺點不足，都被忽視了。而在婚姻當中，雙方往往不能相互容忍，被忽視的缺點就會成為婚姻的裂縫。於是男人開始「花心」，女人開始「嘮叨」，男人沒了婚前的風度，女人沒了婚前的氣質。

聰明的女人不會僅僅依靠婚姻名義來維持夫妻關係。她說男人需要情人，那我就做他的情人；男人需要戀人，那我就做他永遠的戀人。是啊，一個男人，老婆、情人和戀人都有了，妳讓他在外面花心他都不會。

老婆是和男人一生一世相陪伴的人，老婆是一個家，不管男人在外面多苦多累，他想著有個老婆有個家，心裡還是暖暖的。然而，男人有了老婆卻不忘找情人，因為情人是愛情的調味品。男人覺得情人比老婆溫柔，比老婆體貼，比老婆……總之，就是人們常說的「家花沒有野花香」。有了老婆和情人，男人還希望有個戀人來和他談情說愛。

老婆是一生相互的依靠，是受到任何傷害後都能給男人安慰的避風港。情人是感情受到挫折找回情感尊嚴的地方，是男人平衡感情傾斜心態的港灣。戀人是男人體現浪漫，表現自我，讓男人感到最美最動心的人，讓妳能衝破一切阻礙想要的人。

任何女人都可以做男人的老婆，但是能做一個男人「情人和戀人式」的老婆絕對是充滿智慧的女人。這樣的女人不會愛慕虛榮、嫌貧愛富、得理不饒人、怨天尤人、嘮嘮叨叨、永遠對現實不滿足等等。這樣的女人明事理、明人情、反應敏捷、思維活躍、常有驚人之語，出口成章、多愁善感，愛看書，與周圍的人相處得很好，誰也不得罪，也就是我們平常說的會做人。這樣的女人博覽群書、對世界有著自己的理解和看法，有自己的立身原則和信仰，重視自己的尊嚴，願意為尊嚴與原則付出一切，這樣的女人除了操持家務外，她還懂得浪漫。

男人有了這樣的一個女人，就等於有人會照顧他的生活，給他家庭的溫暖，讓他有飯吃有衣穿有家歸，同時還給他一個聰明可愛的寶寶，讓他對未來充滿希望，就等於有人讓他的心靈有個依靠。幫他解決很多事，同時讓他有著甜蜜的愛情，就等於有一個真心懂他明他的人，就等於有人可以讓他的生活在平淡中有著浪漫……總之，男人擁有這樣一個女人是幸福的，他不用去找情人就可以體會到情人的溫柔和呵護，不用找戀人就可以永遠嘗試愛情的滋味。

這樣的女人不會評論他愛她的動機，不會挑剔男人總是這樣總是那樣，她會瞭解他的能力，避免對她提出超出他能力的要求。當男人說她使他感到壓力時，她會欣然地接受，愉快地和男人溝通，而不是指責男人不知好歹或懷疑男人另有所愛。她會愛男人的一切，她懂得「愛屋及烏」。當有爭執時，她會保留男人的意見，而不是強迫男人接受自己的意見。在情人節那天她會因男人的一支玫瑰而欣喜若狂，並還給男人一個熱烈的擁抱和一個深深的吻。她會在假日裡和男人依偎在一起卿卿我我，一起談情說愛……

這樣的女人會在操持家務的時候不忘「裝飾」自己。她知道無論自己多麼美麗，時間久了男人也會煩的，她會想方設法不讓男人出現審美疲勞。她每天變換不同的服飾和髮型，讓自己每天都漂亮，每天都光彩照人。比如，今天的她有著閒適的自信與優雅，明天的她就是一個高貴的女人……

她和他結婚多年，依然相愛如初。她和他上街，他們在商場各看各的，約定某個時間某個地點接頭。她和他喜歡看不同的書，於是家中書櫃一人一半。他在廚房做菜，她會靠在門口傻傻地看著他忙這忙那。他幫孩子修理玩具，她會蹲在一旁乖乖地幫他拿工具，事後她還會說：「老公真棒！」結婚多年，她依舊喜歡聽他跟她說甜言蜜語，她依舊拉他看愛情故事。生日時，他買回紅酒，做她愛吃的菜，她心頭一熱，抱著他大叫：「下輩子，我還是非你不嫁！」

這樣的女人，勤勞能持家、性感美麗、溫柔體貼……有這樣一個女人，男人享有老婆的陪伴和慰藉；享有情人的漂亮和靈氣；享有戀人的崇拜和浪漫的情懷……

要懂得珍惜眼前的幸福

聰明的女人，對於生活中沒有的，她會努力地去爭取，但絕不是去苛求。對於生活中擁有的，她會好好地去把握，去珍惜。她說世界上的人沒有完整的，既然選擇了，就得好好地去把握。

珍惜是為人之道，不敢說它能起到多大的作用，但是相信，懂得珍惜的人，才會獲得真正的快樂。一份愛擺在一個不懂得珍惜的人面前，這份愛不會長久，愛是需要人來珍惜的。人也只有學會珍惜眼前的幸福才不會失去幸福。

一個聰明的女人懂得珍惜愛自己的男人，她懂得不管以後怎麼樣，都要珍惜眼前的幸福。別人的付出，不管這份付出有多大有多小，她都會好好地去珍惜。傻女人不會拿自己的男人和別人比，她也不會因別人的富有而心迷意亂。

這樣的女人，當一段感情失敗後，她會把這段記憶放在心裡，把這個男人放在心底，放在心的最裡面，最隱蔽的地方。無論她以後再接觸多少男人，她都會清楚地知道，自己最愛的是誰，無論以後她遇到的男人多麼優秀，她也不會改變。因為她很珍惜別人對她的感情。

這樣的女人不會拿自己的男人和別人相比，因為她心底的男人是她的支柱，她一輩子隻愛他一個。在以後的生活中，哪怕遇到再好再優秀的男人她都不會動心。她會把心一輩子放在一個男人身上。

這樣的女人永遠不會因為男人沒有金錢、沒有權利、沒有名望、沒有文化等等就輕易放棄男人對她的愛。因為她知道她愛的是這個男人，而不是愛他的錢。男人給予的全世界最真摯最誠懇的愛是她一生中最珍惜的東西。

人們常說癡男怨女，癡男，男人對愛的癡情，對感情的專一。當然也有人說世界上的男人都是花心的，然而，有的女人寧願傻傻地相信男人真正的愛只有一次，相信一旦男人愛上自己了，就會愛得不顧一切，愛得刻骨銘心。對於男人的這份愛，女人知道自己除了珍惜還是珍惜，她覺得愛是很不易的。

有朋友就對我說：「我發現我最愛的不是我的丈夫，而是其他的男人。」這個心態很正常。現代男人或者女人都會有這樣的毛病，也就是所謂的「站在這山，望著那山高」。可是朋友並沒有因此而冷落自己的男人，相反，她很珍惜她們之間的點點滴滴。朋友在閒暇時會把她們生活中的一點一滴都給記下來，她說要等到她們老時可以坐在陽光下慢慢回憶她們一起走過的時光。相信那時的他們一定是很幸福的。

聰明的女人，對於生活中沒有的，她會努力地去爭取，但絕不是去苛求。對於生活中擁有的，她會好好地去把握，去珍惜。她說世界上的人沒有完整的，既然選擇了，就得好好地去把握。

俗話說：男兒有淚不輕彈，只是未到傷心處。他愛上了她，愛得是那麼地深。可是她卻傷了他，她因為外界的誘惑而拋棄了他。於是，他哭了，他流淚了，那是傷心至極而絕望的淚水。夜深人靜的時候，他跳進深淵，希望能夠找到愛的痕跡，可是一無所獲。若干年後，她回來了，但他早已不在。她此時才恍然明白，男人的眼淚是需要女人珍惜的。她說她一時的自作聰明不僅毀掉了他，也毀掉了自己。

很多人往往在失去的時候才懂得曾經擁有過，當回頭的時候發現一切都晚了。傻女人明白，在付出愛的時候，誰也不確定會得到回報，但是她也堅信，只有珍惜現在才會幸福。

一個人的一生中，總會找一個自己滿意的伴侶來陪伴自己走完漫長的人生。當女人找到愛她、懂她的人，她一定會珍惜這份來之不易的緣分，珍惜愛她的這個人。因為她明白只有他才能在她快樂或傷心的時候陪在她的身邊，也只有他才能真正分享她的快樂，分擔她的痛苦。

有一天，她告訴他說：「我的車壞了，我走了半個小時的路才到車站的。」

他說：「反正很近，妳也順便減肥。」

她生氣了，覺得他不愛她，不關心她。第二天，她發現了他留在桌上他的車鑰匙，以及為她準備的早點。這時她才發現，原來他是愛他的，只不過他不說。

她明白了他的愛是不會時常掛在嘴邊的，在他滿不在乎的外表下，藏著一顆愛她的心，關心她的心。於是她更加珍惜自己的選擇，更加地珍惜他那默默的愛。因為她發現，對方一直是如此用心地關愛和呵護自己！他和她，生活從此更加美麗，他和她從此也更加愛對方。

女人懂得真正的愛不是做驚天動地的事情，而是在於細微之處。女人不會認為那些愛她的人不重要，因為她明白只有愛她的人才會讓她感覺她是他的一切。傻女人會珍惜愛她的人。

俗話說：「十年修得同船渡，百年修得共枕眠。」有的人，我們一輩子也等不來，而有的人，等來了，我們又不懂得珍惜。遇到一個情投意合的人多麼難得，而失去一個人，卻又是那麼容易，轉瞬之間，就會無影無蹤。

傻女人懂得珍惜男人，懂得珍惜男人的那份愛。她不會讓他一個人在深夜裡獨自孤單；讓他一個人獨自買醉；讓他在電話機邊默默的流淚……

小測試

妳的戀愛段數有多高？

妳不小心吃到嗆辣的芥末壽司，當辛辣沖腦時，妳的下一個動作會是什麼？

請在下面選擇妳的答案：

A．喝茶或白開水

B．什麼都不做，忍一下就好

C．享受辛辣的感覺

D．喝一大口可樂

E．吃點別的菜轉轉味

測試解答：

選A：

戀愛段數四十分：執著的妳只會一味地付出，直到發現愛錯才會覺醒。這種類型的人懂得包容對方，希望自己的默默付出可以感動對方，但如果沒找對適合的人，妳的感情路會很曲折。

選B：

戀愛段數八十分：妳對感情拿得起放得下，絕不會為情所苦，為愛癡迷。這種類型的人之前曾經為情所困，如今已經化繭成蝶，並認為自由自在地做回自己感覺最好，也是最安全。

選C：

戀愛段數五十五分：騙死人不償命的妳，喜歡用甜言蜜語「膩死」對方。這種類型的人個性浪漫天真、單純如孩童，覺得談戀愛時雙方一定要能分享彼此的感覺，最希望對方能懂妳。

選D：

戀愛段數九十九分：妳懂得展現自己的魅力，把對方迷得團團轉。這種類型的人具有孔雀型的特質，只要一有異性，就會展現出自己的強項，努力把對方迷倒，讓他忠誠地愛戀著妳。

選E：

戀愛段數二十分：緊迫盯人的妳，逼得愈緊，對方只會逃得愈遠。這種類型的人一旦愛上對方，就會付出全部的感情，不過這樣反而讓對方感覺壓力很大，從而產生了想逃的念頭。

第四篇　女人會裝傻，生活沒煩惱

——傻得讓男人心甘情願為妳付出

會裝傻的女人甘居男人之下，她會對愛人說：「老公，我好笨呀！多虧嫁給了聰明的你，不然我都無法養活自己。」聽了這樣的話，男人再苦再累也會心甘情願地拚命賺錢養活她。能把男人哄開心、哄得主動幹家務、哄得心甘情願地付出的女人，想不幸福都難！

會裝傻的女人有人疼

在婚姻中裝傻的女人，其實是很聰明的。當然，如果妳真的不想要這段婚姻了，計較計較也無妨；如果妳不想對這段婚姻放手，那就不妨裝裝傻。這樣說並不是讓妳去忍氣吞聲，而是提醒妳換一種思維方式，把生活中的小事模糊處理。

看到「傻」這個字，可能很多人都會毫不猶豫的說它是貶義的。但是當它和某些字組合在一起的時候，卻可以當中性詞，甚至是褒義詞來看。可能是語言發展太快或者是人類思想進步太快，不知從何時起，愈來愈多的人認為，「傻」這個字如果用在女人身上，似乎更有它的巧妙之處。的確，猛然間被愛人揉亂頭髮，然後聽到一句「傻老婆」，簡單的一個詞總能表現出無限的寵愛，讓妳一直甜到心裡。

「男人都喜歡傻女人……」這是很多人共同總結出的一項定律，並且隨著時間的流逝漸漸流行開來。大多數男人都喜歡那種看上去傻傻的、心裡卻很有譜的女孩。男人的自尊心或者說是虛榮心很強，所以那些故作聰明、十分外露的女孩往往抓不住男人的心，而大智若愚的女孩卻能迷住男人。

女人的幸福就在於在一些小事上能夠做到「裝傻」，能處處照顧到男人的自尊心或者虛榮心。一旦男人感到女人滿足了他的自尊，回過頭來他就會更疼愛女人。再好的男人也會犯些小錯，會裝傻的女人大多都會以寬容的姿態把大事化小、小事化了。在這種情況下，犯錯的男人往往會充滿感激。一個男人曾經這樣說：「面對這樣的女人，妳又怎麼忍心犯錯讓她傷心難過呢？」

男人常常感謝會裝傻女人的寬容，他唯一能做的就是加倍地對女人好。所以，面對著愛人，女人最好的方式就是睜一隻眼閉一隻眼，如果凡事較真，除了自己累，也會讓對方受不了，到最後只能讓愛情受損。這樣說並不是讓誰去忍氣吞聲，而是換一種思維方式，把生活中的小事模糊處理。

任何事情都有一些模糊地帶，這裡最脆弱而敏感，也許進一步就山窮水盡，退一步就海闊天空，婚姻也不例外。婚姻生活本來就是複雜而繁瑣，沒有判斷誰對誰錯的標準，糾紛無非是些雞毛蒜皮小事引發，沒有原則的問題只須睜一隻眼、閉一隻眼，留下一點餘地，對雙方都是最好的保護。太較真了，只能使婚姻產生細小的裂縫，婚姻不是一朝一夕的事，天長日久，縫隙愈來愈大，會導致一顆疲憊的心徘徊在深夜的街頭不想回家。此時的婚姻就走到了邊緣，無法修補，後悔也晚了。

有的女人會哭著說：「我對他那麼好，他為什麼那麼沒良心？他生活上的一切都是我幫他打點的，甚至襪子都是我洗的，這個家，我付出了那麼多，他卻跟我撒謊，對我刻意隱瞞了很多事情，被我發現了，他竟然說是因為我平常疑心重，不敢告訴我，怕我生氣上火，這算什麼理由？這日子真的沒法過了。」其實這正是女人的精明，她的洞察秋毫，毀了自己當初的幸福。

有人說，婚前要把眼睜的大大，婚後只須睜一隻眼、閉一隻眼。所謂的閉一隻眼睛，大約就是「裝傻」吧！如果妳的目的就是想要毀掉這段婚姻，那麼妳不妨較真兒，計較到彼此受傷，計較到婚姻受損，計較到孔雀東南飛。如果妳還深愛對方，想保留這段婚姻，那就沒有必要追迫他太緊，要懂得適時變通，懂得適當地調整自己的心態，給他一分尊重，留有一分朦朧，不妨試試「裝傻」。

聰明的女人明白，水至清則無魚，她們不會把所有的事探究個一清二楚。就算天生有一雙火眼金睛、世事洞明，看看王熙鳳，她的下場又如何？終不如秦氏和平兒的明智。試試在小事上裝傻，說不定妳會愛上「裝傻」這種生活方式，因為這種方式離幸福只有咫尺之遙。

傻女人其實都是人精，因為她們都會「裝傻」。會「裝傻」，其實是一種境界，是真正的聰明人所為。那種明瞭一切卻不點破的拈花微笑，最令男人著迷了。只要不是原則性的問題，做到心中有數就可以了。

會裝傻的女人知道善待自己

在「孤獨寂寞」成為人們口中的常用語時，聰明的女人永遠都不會讓自己寂寞，也不會讓自己覺得孤獨。在一個人的時候，她會選擇做自己喜歡做的事情，當別人大叫寂寞的時候，她卻在傻傻地自娛自樂……善待自己，活出精彩。

聰明的女人之所以聰明，是因為她們明白在不同的時間不同的場合該如何做。聰明的女人面對不同的事情時往往會有她們自己的選擇，也正是她們的選擇造就了她們的聰明。

「愛美之心人皆有之」，作為女人，都希望自己是天下最漂亮的女人。試問天下女人，誰不希望別人誇自己漂亮？走在街上，妳會不斷地聽到有人在叫：「美女，妳好靚哦！」而被叫的女孩往往一臉的燦爛。

有的女人確實很漂亮，她對自己的漂亮往往是不打折扣的炫耀，搖頭擺尾、搔首弄姿，恨不得全世界的人都知道她的美麗。出門前往往是塗了又擦，擦了又塗，把自己衣櫃翻個底朝天也沒找到自己要穿的衣服。我們不能對此說什麼，炫耀是因為人家有資本。然而，漂亮的聰明女人往往會淡妝出門，衣著不求華麗，只要端莊即可。走在街上若有人誇讚自己的美麗，可以的話她會裝作沒聽到，要不就是傻傻地一笑了之。聰明的女人不會把自己的漂亮當作炫耀的資本，她們懂得做人要謙虛。

漂亮與否是人一出生就決定了的，是上天賜予的，也是我們無法改變的。有的女人，覺得自己長得不夠漂亮，往往會怨天尤人，埋怨上天的不公，甚至會埋怨父母為何不把自己生漂亮點。她們整日因自己醜而愁眉苦臉，甚至因此而喪失自信，這也注定了她們生活上的失敗。

聰明的女人對自己的容貌很坦然，她知道，漂亮與否不是自己能決定的，她更不會因此就去做整容什麼的。因為她明白，就算自己不漂亮，那也永遠是世界上的唯一，沒有第二個人能夠取代她。她相信，外在的美只是一時的，只有內心的美才會永久。在生活中，她永遠都是自信滿滿的。

人人都希望自己永遠春風得意，當然，任何人都會有成功的那一刻。在公司，有的女人受到上司的誇讚就得意忘形，從此不知天高地厚，暈頭轉向的，更忘了自己是誰。當然，這樣的女人是不會受同事喜歡的，她的得意只能是一時的。

聰明的女人面對上司的誇讚和同事的讚賞，往往會不露聲色，並告誡自己一定要更加努力，下次做得更好。對同事則更加地謙虛，在他們面前偶爾會裝裝傻，告訴他們自己並不是什麼都懂。這樣的女人會不斷地向前進步，相信同事和上司會更喜歡這樣有才華的人。

人生在世，難免會遇到挫折，難免會有失意的時候。有的女人面對挫折往往會從此一蹶不振，放棄前進的機會和勇氣，選擇破罐子破摔。其情緒更是一落萬丈，每天都處在傷心難過中，甚至會因此而放棄自己的生命。然而真正聰明的女人不會就此被打倒，她會勇敢地和困難挑戰，千方百計地找原因找對策。同時她也會及時地調整好自己的心態，坦然地去面對眼前的困難，灑脫地往前走。她在挫折面前永遠都不會逃避，她說她不會當一個懦弱的逃兵，她要讓自己勇敢地面對敵人。

都說愛情是美好的，是甜蜜而幸福的。戀愛中的女人往往是甜蜜的，也是最美麗的。愛情來的時候，有的女人則為愛情而著迷，為愛情而迷失自我。在戀愛中全心全意地付出，完全忘了自我。可是，聰明的女人會把握住愛情的主權，永遠做愛情的主人。她會在愛情中更加完善自我，而不是迷失自我。也正是這樣，她的愛情會永遠的甜蜜，她永遠是愛情的主導者。

愛情雖是美好的，但是，現實有時就是那麼殘酷，失戀往往會在最甜蜜的時候到來。當男友提出分手時，有的女人會傷心欲絕，甚至不惜用生命來換回已經失去的愛情。其實，仔細想一下，就算妳可憐巴巴地、沒有尊嚴地挽回了這場愛情，男友的心呢，妳也找回來了嗎？這樣喪失尊嚴的愛情又有什麼意義呢？

聰明的女人則會瀟灑地轉身而去，不管多傷心，她寧願在死黨面前痛哭一場，也不願在男友面前掉一滴眼淚。她知道，愛情再美好，沒有愛的愛情永遠都是沒有意義的。這樣的愛情是不會幸福的，也不會長久的，她追求的是一份真愛，是兩個人的心心相印。

在生活中，妳喜歡的男人往往也是別的女人心中的偶像，妳愛他，別人可能會比妳更愛他。當男友身邊出現新的愛慕者的時候，聰明的女人會靜觀其變，對男友更加地疼愛，盡量讓自己更優秀。她也會在必要的時候把自己變成一隻楚楚可憐的小綿羊，傻乎乎的接受男友的疼愛。而有的女人則會歇斯底里，別人只要和男友多說一句話，她就不依不饒的，非弄得天翻地覆不可。這樣完全讓自己失控的行為則往往會把自己的愛情轉讓她人。

人人都期望自己的婚姻永遠是幸福美滿的，人人都希望配偶永遠都只屬於自己一個人。可是，凡事並不都是如人願的，婚姻的破裂也是常有的事。老公對自己不忠，是所有女人都有可能碰到的事。當老公在外面有女人的時候，聰明的女人會更加用心，表面上裝作一無所知，在家依舊是賢妻良母，但是她會暗自加油挽回老公的心。相信男人碰到這樣的女人都會心懷愧疚，從而讓自己回心轉意的。

可是有的女人就不一樣了，覺得自己的男人背叛了自己就是不忠，覺得自己無論如何都無法接受，愛自己的男人在外面有女人的事實。她會和老公大吵大鬧，甚至不惜把自己變成一個潑婦。可惜這樣費盡氣力的做法往往把自己的男人推向了別人的懷抱。

在今天的社會，人們往往「談錢色變」。當自己有錢時，聰明的女人不會向別人那樣瘋狂去購物，不管自己須不需要，統統買回來。她會選擇把錢用在該用的地方，理智地處理好自己的錢財，拿它來做有意義的事情。她絕不會浪費一分錢，更不會大肆鋪張。而有的女人總是在狂購一通之後，囊中羞澀了，才會對著那些無用的東西後悔不已。

錢財乃是身外之物，錢不是萬能的。聰明的女人明白這一點，在沒錢的時候她會從容地過日子。她會告訴自己：「金錢永遠都不是萬能的，自己健康快樂就好。」而有的女人則會為了錢日日苦思，甚至不惜出賣自己的尊嚴、自己的青春和靈魂。她們為了錢踏入迷途，從此一發不可收拾。

在「孤獨寂寞」成為人們口中的常用語時，聰明的女人永遠都不會讓自己寂寞，也不會讓自己覺得孤獨。在一個人的時候，她會選擇做自己喜歡做的事情，當別人大喊寂寞的時候，她卻在傻傻地自娛、自樂。有的女人則會自憐自愛，傷感多愁。這往往讓自己更加孤獨，更加寂寞。

聰明的女人「傻傻」的行為下往往隱藏著更大的理性。某些在人們看來有點傻裡傻氣的行為其實正是女人的聰明所在。聰明的女人往往會讓自己做些「傻傻」的事情，少些「聰明」的選擇。她們會用自己「傻傻」的行為來善待自己、珍惜自己，這樣的女人往往是最快樂最幸福的。

做個快樂幸福的傻女人

聰明男人遇上傻女人時，男人往往會被傻女人獨特的天真而折服，會因傻女人虔誠的崇拜而開心，會被傻女人純真的笑容而逗樂，會被傻女人笨拙的表情而心疼愛惜……這時聰明男人和傻女人會有一段幸福美滿的婚姻，傻女人也就成了一個有人寵有人疼、幸福快樂的小女人。

常聽朋友說，某某走運，某某有福，往往是訴說者不勝羨慕，傾聽者也是期待滿懷。那麼，究竟怎麼才是有福的女人呢？看看我們周圍，或許有數不清的富婆、女強人、女主管，但真正意義上的幸福的女人並不多。

聰明的男人往往不太喜歡聰明的女人，也許他會站在遠處欣賞但不會走近靠前。當聰明的男人與聰明的女人走到一起時，結果可能會是戰爭不斷，因為兩個人太好強總是會覺得自己的決定就是對的，就互不相讓。此時，如果女人適當的裝裝傻，那會是另外的一種結果！

聰明男人遇上傻女人時，男人往往會被傻女人獨特的天真而折服，會因傻女人虔誠的崇拜而開心，會被傻女人純真的笑容而逗樂，會被傻女人笨拙的表情而心疼愛惜……這時聰明男人和傻女人會有一段幸福美滿的婚姻，傻女人也就成了一個有人寵有人疼、幸福快樂的小女人。

欣的老公經常說她傻，雖然她並不笨，可是她從不狡辯。她說她喜歡那種傻傻的感覺。有時她還會故意裝傻，因為那樣她的老公會異常寵她愛她。老公常說她是傻得可愛，可愛得讓人忍不住地去心疼。

真正聰明的女人絕不會讓自己的男人覺得自己比他強，她也絕不會說自己的男人沒有用。即便男人有時真的沒有用，她也會裝得讓男人覺得至少他比她強。

一次在朋友家閒聊，聊得正起興時，我們想弄點咖啡來喝。於是，朋友就叫她老公去弄，可是她老公卻忙著看他的體育新聞不理她。沒辦法，朋友只好自己弄，一不小心開水灑了出來，只聽朋友在那傻傻地嘮叨：「今天的開水怎麼這麼燙啊？我怎麼這麼笨啊……」她老公一聽到她的叫聲，嚇得趕緊跑過去：「老婆，怎麼了？燙著沒有……」朋友一副可憐巴巴欲掉淚的模樣：「老公……」

結果，她老公乖乖地把咖啡端到了我們跟前。擔心自己心愛的「傻乎乎」的老婆再次被燙著，她老公連那天的晚飯都給包了，而我和朋友只管嘮嗑，什麼都不用做。朋友樂得私下扮著鬼臉對我說：「我常常就是這樣傻傻地讓老公心甘情願的為我做了好多事情。」

傻點又何妨，這樣的日子何樂而不為呢？

傻女人會經常在人前人後誇讚自己的男人，不用擔心說過的好話不會傳到他們的耳朵裡面。每個男人都喜歡在自己的女人面前吹噓他自己有多行，這個時候，聰明的女人會傻傻地隨聲附和，即便男人說的不一定是真的。這樣男人會更疼愛自己的女人。

對待感情的時候女人不妨傻一點，女人不能讓自己的這份愛成為對方的負擔而令他窒息。不妨試著給他一些自由的空間，這樣的話大家都能夠活得更輕鬆。如果小到今天在公司裡和誰一起吃飯，席間有幾個女人，大到公司的人事安排，最近的工作狀態和進程，事無鉅細，樣樣都要過問的話，相信時間長了，雙方都會受不了的。這樣不但自己勞心勞神，還會讓男人反感。

有這樣一種說法：男人不「壞」，女人不愛；女人糊塗是福氣。男人往往會找一些理由讓女人感動。傻女人聽了男人那些理由，即便那些理由是很荒謬的，即使那些理由一點都不能讓人感動，她依舊會裝一副感動得稀里糊塗的模樣給男人看。有時她還會追加幾句吹捧的話，讓男人覺得自己好有成就！

做個傻女人，享受生活中的煩惱和快樂；做個傻女人，不要羡慕人家的老公是如何優秀如何會賺錢養家，任何時候只相信自己的老公是最優秀最棒的；做個傻女人，不用懷疑的眼光看待自己的老公，只要真誠地對待，相信快樂就在眼前。

做個幸福的女人，做個快樂的女人，做個聰敏的傻女人！

傻女人知足常樂

他和她相愛了，他僅是普通的受薪階級，收入並不高。在戀愛期間，他為她買了一條幾百元的圍巾。雖然僅僅是一條圍巾，但她很開心，她笑著把它圍在脖子上，笑得那麼燦爛那麼滿足。他也為她滿足的笑容而傾倒，並更加疼愛她。

俗話說：知足者常樂。知足並不簡單地是滿足現狀，不求進取。知足是一種心境，一種感悟，也是一種處事的態度，更是一種生存的智慧。知足常樂則是指一種豁達的人生態度。

在實際生活中，這個再簡單不過的道理人們似乎都明白，可往往是說起來容易做起來難。一些人往往是這山望著那山高，讓那永無止境的欲望弄得身心疲憊，不堪重負，徒增煩惱。這些人也往往因此失去了人生本應有的快樂和幸福。

世間的事情千頭萬緒，不管到什麼地方也找不出它的極限來。傻女人對於一切事物的滿足與否，全看自己的判斷如何而定。知足的傻女人無論遭遇到如何的境遇，一點也不會覺得痛苦，相反會處處感到滿足。這就好像是離開那紅塵，處於仙人的境界。然而有的女人事事不知道滿足，每天處於煩惱和憂愁當中，始終不能解脫她那沮喪的情懷。正如佛家所說：知足的人雖然倒臥在地上，他也感覺是快樂的。不知足的人，身子雖然處在天堂，心中仍然感覺是痛苦的。

傻女人知道人生在世，名利財物，都是身外之物。就算妳時時刻刻永不停息、永無止境地去追求和索取它，也不會有滿足的時候。傻女人不會讓這些無謂的追求給她帶來無盡的坎坷和煩惱。她不會讓自己因為自己的不知足而不幸福、不快樂。

他和她相愛了，他僅是普通的受薪階級，收入並不高。在戀愛期間，他為她買了一條幾百元的圍巾。雖然僅僅是一條圍巾，但她很開心，她笑著把它圍在脖子上，笑得那麼燦爛那麼滿足。他也為她滿足的笑容而傾倒，並更加疼愛她。

這樣的傻女人永遠都是開心的。丈夫的一個輕吻、一個擁抱、一句溫暖的言語……都會讓她覺得很幸福。也正是她這樣的心態讓她的生活永遠都是充滿陽光的。

她們明白穿衣打扮的重要，她們也知道穿長裙飄逸、穿正裝端莊、穿休閒服灑脫、穿運動衣幹練……但是她們絕不會趕時髦、追風頭，更不豔羨別人的裘皮大衣。往往她們自己獨特的風格、獨特的韻味的穿著更會贏來男人欣賞的眼光。

生活上，她們不會眼紅別人的別墅和轎車，她們會根據自己的經濟情況來定標準。她們生活困難時，她們會努力地工作，用自己的聰明才智和勤勞的雙手把小屋收拾得溫馨舒適，但是她們不會抱怨命運的不公。因為她們知道有更多的人活得比她們辛酸。就這樣，她們安靜而快樂地生活著，從不會因自己貧窮而苦惱。

有的女人卻總是抱怨老天爺不公平，別人有的東西她卻沒有，她常會因此而無比地惆悵。雖然家中有個很疼愛自己的男人，可她卻永遠不滿足。她常常會羨慕別人的男人多麼的有錢，多麼的帥氣……每天生活在別人的陰影下，生活整日無精打采。其實，她永遠都不會知道，她擁有的跟別人的一樣多，甚至比別人還要多。

現在很多的人都是活在別人定的標準裡面了，別人生活好了，自己也得那樣生活。何必呢？別人的生活永遠都是別人的，只要自己快樂就好。做自己想做的事，才會達到快樂自在的人生狀態，才會活出自己。

俄國著名作家列夫．托爾斯泰說：「俄羅斯人對於自己的財產從不滿足，而對於自己的智慧卻相當自信。」這就說明了知足的兩重性。在知足與不知足之間，我們更多地傾向於知足，因為它會讓我們心地坦然。無所求，無所須，就不會有太多的思想負荷。

知足是一種境界。知足往往能夠使人保持一種愉快的心境，能夠使人舒心地工作、幸福地生活。知足的人總是微笑著面對生活，在知足的女人眼裡，世界上沒有解決不了的問題，沒有跨不過去的坎，他們會為自己尋找合適的台階，而絕不會庸人自擾。知足的人，是快樂的人。相信世上沒有完美的事物，知足的傻女人最幸福！

傻女人的婚姻幸福美滿

有很多女人在婚姻中往往會喪失自我，她覺得擁有了婚姻就是永遠，把婚姻看作是一生的保障。殊不知，婚姻就像花一樣，是需要人精心地照料，需要人不斷地施肥灌溉，否則時間久了會枯萎凋謝的。傻女人會動腦筋去經營自己的婚姻，保持婚姻的常久新鮮。

婚姻是女人生命中最為重要的組成部分。女人在感情上的專注與執著，也決定了女人對婚姻的依從。現在大多的女性將婚姻視為一切，事實也是，婚姻對於女人來說如男人對待事業，婚姻經營好了就會收穫一生的幸福。

泰戈爾說：「我的愛像陽光一樣包圍著妳，又給妳光輝燦爛的自由。」這是男人的奢望。被愛情包圍的男人，有著光輝燦爛的夢想，渴望自由地在夢想中變成一種像霧像雨又像風的東西。聰明的女人明白這一點，她懂得怎麼經營自己的婚姻。

有很多女人在婚姻中往往會喪失自我，她覺得擁有了婚姻就是永遠，把婚姻看作是一生的保障。殊不知，婚姻就像花一樣，是需要人精心地照料，需要人不斷地施肥灌溉，否則時間久了會枯萎凋謝的。傻女人會動腦筋去經營自己的婚姻，保持婚姻的常久新鮮。

婚姻可以使女人走向完美也可以毀滅女人。女人透過婚姻瞭解男人進而瞭解世界，在婚姻中懂得愛，知道如何愛人也知道如何使自己變得可愛，從而完善自己，完美自身。但婚姻也可以使女人的世界變得狹小，漸漸地只容得下那個家；目光變得短淺，只看得到自己的丈夫和孩子，生活變得瑣碎起來，心中除了時常的柴米油鹽，就是季節的冬暖夏涼。聰明的傻女人會透過婚姻完善自我，使自己的生活幸福而美麗。

好多女人為了家庭，為了丈夫的事業而放棄自己的工作，全身心的投入到做個好太太的行列中，伺候丈夫的起居、孩子讀書、老人的飲食……可是在自己付出這麼多的時候，得到的卻是自己丈夫的日漸疏遠。因為女人在為此付出的過程中也逐漸磨掉了美麗的容顏和氣質，這時候他們之間的距離就來了，兩個人的思想愈來愈遠，語言愈來愈沒辦法溝通。

聰明的傻女人會在為家庭付出的同時不忘自我，不管在任何時候都不會弄丟自己，不管婚姻是如何的愜意，她們都不會放棄自己的工作，更不會將所有的一切都託付給婚姻。她們會不斷提升自身的價值，自身的內涵去適應多變的社會，瞭解這個社會的走向，很好地把握自己婚姻的幸福。

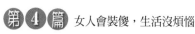

驚喜是在婚姻中必不可少的調味品，就算婚姻的本質是平淡的，但太過平淡就會乏味。所以，偶爾的驚喜就像在平淡的湖心投下一粒石子，會讓平淡的婚姻增加一點點漣漪，讓婚姻增加些許情趣！

傻女人會時刻記住丈夫的生日，她會在丈夫生日時給他一個禮物，送他一個驚喜。禮物無須貴重，關鍵是那一份浪漫的心情。男人一般比較粗心，加上工作上的忙碌，導致男人常常會忘記他們的結婚紀念日。傻女人不會提醒男人今天是他們的結婚紀念日，但她們會提醒男人晚上下班若沒事就早點回家，告訴男人不論多晚自己都會等他吃飯。自己呢，會悄悄地在家裡準備一份溫馨浪漫的燭光晚餐，等著男人回來一起回憶浪漫的往日。往往男人回來看到這一切，心中會有一絲愧疚，但那份欣喜是隱藏不住的，他們會因此更加愛自己的女人，愛這個家。

傻女人在愛男人的同時也愛著他的家人，她明白男人是很在乎自己的家人的。傻女人從來不會對男人的家人說三道四，更不會拿言語去傷害他們，哪怕他們是多麼地不盡如人意。好友結婚十年了，他們依然相敬如賓。問她秘訣，她說：「我對他家人好唄。」確實，好友待丈夫的家人比待自己親人都好。丈夫有了錯，往往不用她說，他的家人早就替她「出氣」了。她呢，不但贏得了丈夫的感激，使丈夫因此而更加疼愛她，還贏來了一大堆忠實的貼身「後盾」，真所謂的「一箭雙雕」啊！

吃醋是女人的天性，可是傻女人知道，吃醋在婚姻中是馬虎不得的。隨意的吃醋可能會傷害到我們的婚姻，可是我們不吃醋又會讓男人覺得妳不在乎他。

朋友一次在街上碰見自己的丈夫在和一女孩談笑風生，朋友頓時醋意大發，可是她裝作沒看見。晚上丈夫回家她和平常沒兩樣，然而晚上在丈夫和別人在網上聊天時，她偎了過去，一副酸溜溜的模樣：「老公，又在和哪位MM聊啊？我要吃醋了。」然後又裝作猛然驚醒地樣子叫：「妳這麼帥，在公司是不是有很多美女圍著妳啊？妳可不能動心哦，否則我會傷心死的。」

他老公抱著她開心地說：「傻瓜，不會的，她們都是朋友，只有妳才會讓我動心！」朋友傻傻地衝老公點了點頭，心中卻得意地笑了。心想，幸虧今天沒亂吃醋，否則可能會引來一場軒然大波。

一位作家說的好：「婚姻是窗前的一盞燈，有它在，妳覺得平淡無奇；失去了它，妳才知道，什麼是荒山野徑。」

由此可見，婚姻儘管平淡，儘管在柴米油鹽中，儘管在一粥一飯中，但妳不可以失去它。失去婚姻的人，就失去了愛，會感到寂寞，感到無助。

穩定而幸福的婚姻是女人生活成功的標誌，女性剛毅與溫情的結合能創造婚姻生活中的奇蹟。愛需要寬容和包容：忘記對方的不是，記得對方的好，婚姻永遠幸福。在婚姻中，傻女人會自信滿滿地享受生活中的快樂，會精心地經營自己的婚姻，讓自己的婚姻永遠美滿幸福。

裝傻是一種樂趣

會裝傻的女人明白裝傻的樂趣。早已明白了的事，卻用那種略帶疑惑的口吻來問對方說了些什麼？往往對方又說了一遍，她還是那種不知不解的樣子，「阿」「什麼」「哦」？真讓人搞不懂她究竟是明白還是不明白……

如果說生活是個大舞台，那人人都是演員，在短暫的人生當中扮演著無數個角色——面對父母，扮演子女；面對上司，扮演下屬；面對朋友，扮演朋友等等，人人無時無刻都在表演著不同角色的同時又要處理這些不同角色之間的因果關係，一個字——累！

在生活中人人都是精英，人人都想當生活中的主角。然而在生活中人們往往忘卻了去扮演「傻子」，生活中不能沒有「傻子精神」，否則將是一潭死水，樂趣不在。而早在幾百年前的鄭板橋就提出「難得糊塗」的千古名言，其中的道理不外乎也在這裡。

會裝傻的女人明白裝傻的樂趣，早已明白了的事，卻用那種略帶疑惑的口吻來問對方說了些什麼？往往對方又說了一遍，她還是那種不知不解的樣子，「阿」「什麼」「哦」？真讓人搞不懂她究竟是明白還是不明白……

會裝傻的女人的生活中充滿了樂趣。當年迅速走紅的「小燕子」，天天傻乎乎的，可她的生活每天都很開心，在她的生活中總是有讓人說不完的樂趣。

會裝傻的女人更容易快樂！所謂裝傻者知足常樂，裝傻並不代表不上進。上進，要有目的性的上。盲目衝鋒的，那叫真傻。生活中任何的不平衡都是比較出來的，當別人盲目地為功名利祿追得妳死我活時，傻女人卻在社區的草坪上閒庭散步，享受心中的「世外桃源」。

學會裝傻，學會幽默，傻的可愛，傻的可笑，傻的令人心疼，沒錯，「傻子」有時可以帶來歡樂，帶來笑臉。

妻子在外面和姐妹們玩到深夜還未回，丈夫非常不滿妻子把他和兒子扔在家裡不管，又很擔心妻子的安全。妻子剛開門走到客廳，就聽到生氣的丈夫叫道：「天啊，妳居然還知道回來啊！還以為妳被綁架了呢……」面對丈夫一句比一句難聽的言語，妻子裝作沒聽見：「親愛的，兒子今晚乖嗎？好想你們哦……」

妻子這樣似是而非的回答，真是令人啼笑皆非。丈夫也因此沒好氣地拋來一句：「放心，兒子乖著呢。」一場即將爆發的爭吵就這樣被妻子擋了回去。

生活中曾有這樣一位女老師，一次她跟學生討論「一三六減一一八」的豎式演算法。一位學生津津有味地說：「個位的六不夠減八，就向十位借一，六加十是十六，十六減八得八。十位二減一得一。」這時，她故作不懂，提出疑問：「十位上的三二一不是等於二嗎？怎麼是一呢？」那位學生繼續說：「因為十位上的三個十借了一個十給個位，還剩二個十，二個十減一個十得一個十。」其實這位學生說得又生動又正確，但她還是繼續裝傻：「老師還不是很明白，怎麼辦啊？」

「哎呀！老師妳怎麼還不明白？」她看著他們急得通紅的小臉，心裡樂滋滋的，心想：「就是裝作不知道，看妳們怎麼著。」這時，一個學生終於按捺不住，衝到講台上，掂起腳，用手指指著豎式的被減數二三六的三上面標的小一說：「老師，妳看，個位上的六向十位的三退了一個一，所以十位的三其實只剩下二，那二減一肯定得一了。」這時的她一邊點頭一邊擺出一副恍然大悟的表情說：「噢，老師終於明白了，看來妳們比老師還要厲害。」學生聽了都得意洋洋的。

這位女老師故意裝傻，不僅給了學生發表意見的機會，讓他們看著她「迷惑」的樣子著急，促使他們去思考、去表達，提高學生的學習效率，也給自己的教學生活增添了樂趣。

還有一位女教授。她經常在講課的時候「裝傻」，「這是怎麼回事，誰聽懂了？」「這位學生說的是什麼呀，我不懂你們懂嗎？」……這些看似平淡無味，卻讓人感受到了其中的意趣，同時也是在給學生反思、理解的機會。她往往看到學生因此而專注思考的模樣，然後還一本正經地告訴她是怎麼回事時，總是樂滋滋的。

傻的機智、傻的巧妙、傻的合理，會裝傻的教師確實給了學生無限的契機，給學生時空和舞台，讓學生有機會展現自己。看來適當的裝傻真的是別有一番情趣。

傻女人心直口快，傻女人常常異想天開，傻女人的生活到處都是快樂的氣息。一次，小張和女友一起去公園玩。女友看到那裡的荷花缸中盡是遊人拋過去的大小硬幣，不禁驚嘆：「以後我們家要有個大大的荷花缸就好了！」

小張不解地問：「要它幹什麼呀？」

「那人家就會往那裡面丟錢，我們就可以發財啦！」小張一聽捧腹大笑，女友真是傻得可愛。

朋友跟我說，為了兒子，兩年沒工作的她，猛然感覺自己快成白癡了。在兒子一歲前她沒有工作，整天陪著他咿咿呀呀的。後來兒子大了決定出去工作，在去一家公司面試的路上，她在想著他們可能問的問題，突然怎麼也想不起倫敦是英國的還是美國的，那個焦急啊，於是問跟她一路的老公的同學和他老婆：「倫敦是英國的還是美國的啊？」

他們兩個一臉詫異的看著她：「不是吧，大專生連這個都不知道？」

朋友說：「真的忘了，妳們快點告訴我吧，要不然來不及了。」他們確認她是認真的後笑得老半天直不起腰來。這事後來被她老公知道了，老公就常常拿此來開她的玩笑，她呢，以後老公再逗她時她乾脆就故意裝傻，弄得他們三口常常是笑得直不起腰，兒子有時會樂得躺在地板上大叫：「媽媽真笨啊，這麼聰明的我怎麼會有這麼笨的媽媽呢！」朋友的「傻」可真給他們的生活帶來不少歡笑啊。

傻女人憑直覺想事，覺得事情是什麼樣就是什麼樣，生活中的小事平常事，到了她那裡也都成了樂事。人們常說，笑口常開的人比較容易青春常駐，想要青春不老，就別忘了要保持樂觀進取的態度，積極快樂的過每一天。會裝傻的女人就是這樣，生活中總是樂呵呵的，永遠都是一副笑臉。

能用裝傻換來生活的和睦就是一種聰明

心有靈犀是一種聰明；知而不言是一種聰明；裝傻換來生活的和睦也是一種聰明；充分地相信對方，給對方留有一定的空間更是一種聰明……女人要學會多種聰明，在不失原則的前提下適時、適度的「裝傻」。

在現實生活中有很多人總以「聰明人」自居，然而實踐證明「聰明人」往往聰明反被聰明誤。因此，在生活中要學會「裝傻」，適時、適度地運用「裝傻」手段趨利避害。當然，「裝傻」不是時時、處處都「作假」，而是為了建立和睦家庭、和諧社會的需要，在不失原則的前提下適時、適度的「裝傻」。

老人常說，傻人有傻福，奸人沒飯吃，人太完美了就會沒朋友。在生活中，難免會出現婚姻問題，婆婆和媳婦間難免會有爭執……這些生活中的難題，處理不好不僅會影響到一個人的心情，有時甚至會影響到一個家庭的幸福。真正聰明的女人往往會巧妙地利用「裝傻」把婚姻中出現的危機化險為夷，利用「裝傻」來贏得婆婆的好感和家庭的和睦……

比如在家裡，婆婆有時常常會為了一些家庭瑣事指責妳、埋怨妳，甚至喋喋不休，妳可以裝作沒聽到，沒有必要與婆婆爭勝負。作為媳婦，婆婆就是長輩，讓她三分又何妨呢？時間久了，婆婆自會感激妳的寬容，自會為妳分擔家中的家務。要知道創建一個和睦的家庭是不容易的，而和睦家庭又是我們和諧生活的基礎。

碧霞的公公和婆婆都是善良正直的人，碧霞也是明白事理的媳婦，這麼多年來他們一直相處得很好。碧霞的老公說這一切都得歸功於碧霞偶爾的「裝傻」，正是碧霞的「裝傻」贏得了老人的信任和家庭的和睦。

記得剛結婚時，考慮很久，碧霞還是決定自己買房住。在碧霞對老公一再地保證以後會盡最大可能地孝順、照顧老人之後，他們在公婆家附近買了一處房子。公公和婆婆非常不樂意，認為是媳婦嫌棄他們，並且還把自己的寶貝兒子給「搶」走了。也因此，公公和婆婆對碧霞很是冷淡，一致認為娶了一個會「搞分裂」的媳婦。碧霞卻對此一笑置之，依舊對他們二老很好。

一個週末，碧霞和老公一起回去看二老。他們快到公婆家門口時，婆婆正背對著他們，向一個鄰居數落碧霞的種種不是。碧霞裝作沒聽見，照樣親熱地拉著婆婆的胳膊問長問短，婆婆尷尬地回應著。為了緩和氣氛，碧霞經常跟婆婆嘮嗑，專揀婆婆喜歡的話題。閒來沒事，她會經常做些老人們愛吃的讓老公給二老送去。時間久了，公公和婆婆心裡的疙瘩也解開了，不再跟她計較。二老常常沒事還會提著大包小包的來看他們，當然，碧霞每次都是很熱情地招待他們。

像這樣的事情在我們的現實生活中有很多也很平常，就看妳怎麼處理了。傻女人自有她的「傻」辦法，其實大多時候也正是因為她的「傻」成就了一個和睦的家庭，不至於讓丈夫在老婆和父母之間左右為難。

朋友在一起總會提到某某離婚了，某某的丈夫搞婚外戀，某某和她老公生氣了……其實認真地想來，這些大多都是因為人們所說的「第三者」而引起的。會裝傻的女人往往知道在自己的婚姻出現此情況時怎麼辦，那就是「裝傻」！

甜甜的老公在她之前有一個女友，他們談了好多年，後來不知什麼原因，就分手了，但是，甜甜知道，老公很愛那個女孩。結婚後，他們誰也沒有提起過此事，老公雖然偶爾和那女孩有聯繫，但是都是當著甜甜的面，甜甜也就不計較那麼多。

一次，老公對她說要去參加同學的聚會，可是，當甜甜和一姐妹去吃飯時卻看到老公和他的前女友在一家餐廳的角落裡吃飯！她頓時傻了眼，怎麼也沒想到老公會這樣對自己。晚上回到家，發現老公早把飯做好了，見她回來了，老公顯得特別地殷勤。甜甜不動聲色，任由老公忙活，假裝白天的事不曾發生過。事情就這樣擱了下來，日子一如平常。直到有一天，老公坦白此事時，甜甜搖頭笑笑：「沒關係，不就吃個飯嘛，下次帶人家去個好點的地方吃飯……」老公一聽，頓時傻了眼：「老婆真『厲害』！」從此，老公再沒和那女孩聯繫過，老公也因此更加地疼愛她。如果甜甜當時就揭穿他，可能完全會是另外的一種結果。

夫妻之間的撒謊很多時候都是善意的，為的是不要讓對方誤會。都說撒謊是很浪費腦細胞和影響心情的，之所以這麼費盡心思，完全是因為在乎對方。會裝傻的女人明白這些善意的謊言還是假裝不知道的好。

心有靈犀是一種聰明；知而不言是一種聰明；裝傻換來生活的和睦也是一種聰明；充分地相信對方，給對方留有一定的空間也是一種聰明……人要學會多種聰明。聰明的女人不會讓自己過於「精明」，人們不是常說傻得可愛，傻人有傻福嘛！

女人會裝傻，走遍天下都不怕

裝「傻」是一種寬容、一種境界、一種技巧、是人生的一門藝術。如果生活中妳凡事都斤斤計較，可能會得到一時的滿足；如果妳處處鋒芒畢露，可能會得到一刻的虛榮，但是在妳得意之時可能已埋下了隱患……

有時，「裝傻」也是一種「生存」之道。電視劇《宰相劉羅鍋》中的劉墉，辦事剛直不阿，在朝廷中上至皇親國戚，下至七品芝麻官，他都敢得罪。也因此有很多人對他懷恨在心，都想找機會置他於死地。可是劉墉善於變通，往往能用「裝傻」的方式，將別人的加害一一化解，「裝傻」之舉也為他化解了數次劫難。

「裝傻」是一種寬容、一種境界、一種技巧、是人生的一門藝術。如果生活中妳凡事都斤斤計較，可能會得到一時的滿足；如果妳處處鋒芒畢露，可能會得到一刻的虛榮，但是在妳得意之時可能已埋下了隱患。

聰明的女人會在必要的時候裝裝傻，她認為有時傻一點並不見得是壞事，相反，正是妳的傻贏得了別人的稱讚和信任。

一次朋友的同事和上司不知何故對朋友產生了點誤會，可是朋友裝作不知道。她既沒有去問個明白，也沒有去極力地為自己辯解什麼，更沒把事情弄得不可收拾。面對同事和上司的冷落，她依然熱情地和她們打招呼。她相信事實終究是事實，總會有真相大白的時候。也正如她想，後來誤會消除了，同事和上司對她那可真是一個熱情啊。她心裡暗自慶幸自己當時沒有和他們爭得面紅耳赤，否則現在該多尷尬啊，說不定還會落個「小氣」的名聲呢！

田小姐在公司平時待人處事十分得體，但她有個習慣，那就是當她在人面前遇到問題時，或是別人找她瞭解一些公司的事情時，她的態度往往是「一問三不知」。不瞭解她的人以為她什麼都不懂，可是瞭解她的人都知道，其實她什麼都懂。

其實田小姐的裝傻是一種「老實」的表現，自古以來人們往往認為這樣的人可靠、不會對自己耍心眼，於是願意和這樣的人交往。田小姐正是透過表現得「老實」來贏得別人的信任，使別人對自己不設防，從而有利於工作和生活的順利發展。

裝傻的女人其實一點都不傻，相反是很聰明的，因為她常常會因此而利用到別人的資源。王女士在別人問她對某事的看法時，她往往是很迷茫地搖搖頭，然後反過來問對方：「妳怎麼想呢？」這樣，她就反過來挖掘了別人的資源，同時也讓別人有一種被尊重、被關注的感受。最後王女士可能還會對別人的答案大加讚美，像這樣的裝傻，其實是非常聰明和含而不露的表現。

俗話說：「馬有失蹄，人有失言。」偶爾失語在語言交際中難免發生，但失語往往是許多衝突發生和激化的根源。遇到這種情況，裝傻的女人自有她的辦法。

張老師新到一個學校，在上第一節課時，她在黑板上剛寫了幾個字，學生中突然有人叫起來：「新老師的字比我們王主任的字都好看！」真是語驚四座，稚嫩的學生哪能想到：此時後座的王主任是怎樣的尷尬！對張老師來說，初來乍到就碰到這般讓人難堪的場面，的確使人頭疼，以後怎樣和王主任好好相處呢？想轉過身來謙虛幾句，行嗎？不行！張老師靈機一動，裝作沒有聽到，繼續寫了幾個字，頭也不回地說：「不安安靜靜地看課文，是誰在下邊大聲喧嘩！」此語一出，使後座王主任緊張尷尬的神情，頓時輕鬆多了，尷尬局面也隨之消除。

張老師巧妙地運用裝傻，避實就虛，巧妙地告訴王主任她根本就沒有聽到，同時也在一定程度上打消了學生的稱讚興致，避免這樣的局面再次出現。

像這樣的「聰明」同事大有人在，像那樣「傻乎乎」的同事也大有人在。可是同樣的地位，處在同樣的環境，和同樣的人相處，得到的卻是不同的回報。在這裡，我們不得不感慨，裝傻，有時也是與人相處的一種技巧，特別是在新的環境，和新的同事相處的時候。

在公司裡，我們往往還會遇見這樣的女同事，人家要求做什麼就做什麼，心裡還想著團隊精神，用集體的力量來克服困難。她還想著保持一定程度的積極性，做表率、做別人不願意做可又不得不做的苦事累事，最終達到和諧社會，實現共同繁榮的目的。就算在這個過程中會經受磨難和挫折，她也會告慰自己：「天將降大任於斯人也，必先苦其心志，勞其筋骨，餓其體膚，空乏其身，行拂亂其所為。」當遇到利益分配時，她卻看得很淡，也不爭奪，別人問她，她就以一句玩笑來打圓場。

像這樣的女人往往會有著很好的人緣，人人都願和她相處。有人會說她很傻，可是，她的傻換來的是大家對她的真心和親切的相處。

所謂的「聰明反被聰明誤」、「糊塗自有糊塗福」大概就可以在這裡說吧。女人的裝傻有時真是一種能力，在請教地位比妳高但懂得比妳少的人的時候，在不想引起爭吵的時候，在和人第一次見面的時候……不得不說裝傻在很大程度上給女人化解了不少的難題，會裝傻的女人走到哪裡都不怕。

星座性格

征服男人的妙招

不同星座的男人有著不同的性格，要想征服他們，女人除了裝傻的本事，還得因人而異，具體對待：

★摩羯座（十二月二十二日—一月十九日）：

巧妙地暗示他

摩羯男表面看起來木訥呆板，其實他很敏感，只是不敢採取行動，只要給他暗示他就很清楚。在大庭廣眾下給摩羯男暗示或者玩一個只有兩個人清楚的暗號，會讓他特別興奮。

★水瓶座（一月二十日—二月十八日）：

裝笨使他感興趣

水瓶座的男生觀察很敏銳。如果一個女生明明很聰明卻在他面前裝笨，他會因此而更注意對方的一舉一動，開始思考對方內在以及外在表現的不同，愈想範圍就擴的愈大，愈想就愈情不自禁。

★雙魚座（二月十九日—三月二十日）：

曖昧的眼神給他幻想

雙魚座的男生很體貼，他會保持紳士風度，女生如果要誘惑他的話，可以適時的用眼神對他放電或者是含情脈脈地看著他。這時雙魚男會沉浸在情境當中開始幻想，進而會想要跨越界線讓幻想成真。

★牡羊座（三月二十一日—四月二十日）：

微露酥胸或嘟嘴撒嬌

牡羊座的男生對於身材好又願意撒嬌的女生很心動。只要喜歡的女生露出性感的一面，牡羊男就無法抵擋。

★金牛座（四月二十一日—五月二十日）：

大膽粗俗的言語或肢體接觸

金牛座的男生對於肢體接觸是非常敏感的。在雙方都很有默契的情況下，女生的手突然主動摸金牛男，然後手停在原地就不動了，會讓金牛男有一種觸電的感覺。

★雙子座（五月二十一—六月二十一日）：

保持一點神秘感欲擒故縱

雙子座的男生對於一眼就看穿的事情不感興趣，因此女生如果要誘惑雙子男的話，必需要欲擒故縱。時而對他放電又裝作不在意，雙子男的心思就會被吸引住。

★巨蟹座（六月二十二日－七月二十二日）：

小暗示或給他信心

巨蟹座的男生會很怕冒犯女生，因此會保持君子風度。女生要誘惑巨蟹男要找任何理由讓他為自己服務，譬如：「幫我拉拉鏈好嗎？」或者「你幫我拿東西好嗎？」之後再藉機稱讚他，例如「你真體貼，要你是我男朋友就好了！」等等，讓巨蟹男清楚對方願意跟自己拉近距離。

★獅子座（七月二十三日－八月二十二日）：

女奴般的姿態臣服於他

獅子座的男生喜歡表現英雄氣概，因此女生要在他面前表現小鳥依人的模樣，而且做事最好依賴他，激起他的英雄氣概，最後還可以玩玩國王與女奴的扮裝遊戲。

★處女座（八月二十三日－九月二十二日）：

設計如詩如畫的電影場景與對白

處女座是很浪漫的一個星座，要帶他去山上看夜景，然後講一些詩情畫意的言語，這樣處女男馬上就沉醉其中，會比對方更進入狀況。

★天秤座（九月二十三日－十月二十二日）：

浪漫氣氛水到渠成

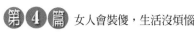

征服天秤座的男生要走室內浪漫氣氛路線，例如安排電影院、浪漫的燭光晚餐，或者是有氣氛的BAR等等。在美好的氣氛下，天秤男會隨著氣氛起舞。

★天蠍座（十月二十三日—十一月二十一日）：

給他一個明顯的機會

天蠍座的男生是很敏感的，通常他私下幻想已經很多了，只要心儀的物件給他一個機會單獨相處，後面由他來就好了。

★射手座（十一月二十二日—十二月二十一日）：

打打鬧鬧自然進入狀況

射手座的男生喜歡走自然路線，女孩子對自己的心意聰明的射手男很清楚。如果他也對對方有好感，他會覺得很好笑，愈想要看對方怎樣演下去。所以，通常是愈自然親密的狀態，效果愈好。

第五篇 裝傻不是真傻，裝給他看才有意義

——無須說破但要讓他知道妳的忍讓、付出

裝傻要裝給他看才有意義，如果他根本不知道妳是在裝傻，而以為妳什麼都不知道，那裝傻就真得變成真傻了！女人裝傻不是真傻，而是大智若愚。否則就不必「裝」了。

洞悉一切但不要說破

有時男人撒了謊，大可不必刻意去揭穿他，更不要和他拚命。就算妳眼光銳利、洞悉一切，妳也完全可以裝裝傻，詭秘的笑笑說：「我只是擔心妳。」言外之意就是，我已經知道，但我不打算追究。

有人說，結了婚的女人，不該和男人一般見識，很多事情應該睜一隻眼閉一隻眼，知足常樂，這樣才能生活得幸福。其實也不盡然，裝傻應該看對什麼事，如果事事都裝傻，那就不是裝傻，而是真傻了。

有時男人撒了謊，大可不必刻意去揭穿他，更不要和他拚命。就算妳眼光銳利、洞悉一切，妳也完全可以裝裝傻，詭秘的笑笑說：「我只是擔心你。」

言外之意就是，我已經知道，但我不打算追究。特別是有別人在場的時候，一定要給足男人面子，維護他在同事或朋友面前「高大光輝」的形象。

大力中午和一名女孩在宜人餐館一起吃的飯。晚上回家一進門，他就聞到了飯菜的香味。老婆把飯菜都燒好了……倆人面對面坐下，柔和的燈光，舒緩的音樂，可口的菜餚……正當大力傻乎乎地陶醉的時候，老婆說笑話一樣點了他死穴：「中午我在宜人吃的紅燒蹄膀，真的好吃，晚上我就燒給你來吃吃……」大力的頭「嗡」的一聲，可不！中午他點的就是這個菜……

在不偏離道德航線的時候，有時退讓是為了更好地防守，給對方一點空間，給他一點迴旋的餘地，給他留足了面子，給他反省的機會……那麼當他理智的時候，他就會對妳心存感激，感激妳的寬容和庇護，他就會把妳當成心中的聖女，這種唾手可得的榮譽，何必要躲掉？

聰明的女人，三分流水二分塵，沒有必要把所有的事情弄個水落石出，也不必把事情弄得不可收拾。就算妳天生有一雙火眼金睛，可是到最後傷害的不僅僅是一雙明亮的眼睛，有時還會連累婚姻。試一試，適當的裝裝傻，妳會覺得天是那麼藍，水是那麼清，花是那麼美……

裝傻是女人的獨門藝術：那種明瞭一切卻不點破的拈花微笑，最令男人著迷！真正聰明的女人在男人眼裡永遠是個小傻瓜，他會說：「妳這個小傻瓜，真傻！」其實心裡早被眼前的調皮小鬼征服得乾乾淨淨、徹徹底底！

當然，並不是所有聰明的女人都不幸福，而是說女人應該放下傲慢與自負，好好去體驗愛的真諦，去享受生活的美好，去理解男人的心思。世上的萬物存在都是有其必然性的，女人有女人的優勢，有女人的作用，不可一言以蔽之。聰明的女人掌握適度原則，獲得各自的幸福才是最重要的。愛己愛人，「裝傻」並不傻！

女人裝傻不是裝蠢，如果傻到愚蠢的時候，妳在他的眼裡就什麼都不是了。那麼妳的人格，妳的尊嚴就要受到侵犯，哪裡還有幸福可言？

所以說裝傻的女人並非都是幸福的，只有會裝傻的女人才能永遠抓住男人的心。

西西和丈夫是挺讓人羨慕的一對夫妻。一次，西西幫丈夫去拿落在車裡的公事包，不經意間發現駕駛座的夾縫裡有一個耳環。這是女人的用品，顯然丈夫和耳環的主人已有不尋常的關係。西西把那個耳環裝進口袋裡，她想了很多，想起了和丈夫的恩愛，想起了朋友同事看自己羨慕的目光，想起了裝修豪華的家……她不忍心讓這個小小的耳環破壞她現在美好的一切，於是她裝著什麼事情也沒發生，把耳環扔進了垃圾桶。

她以為她的寬容會阻止丈夫出軌的腳步，她以為她裝裝傻就能保全自己所擁有的一切，可是，她錯了。

等到丈夫把離婚協議書放在她面前的時候，她才發現家裡的財產早已被丈夫轉移得差不多了。在丈夫和他情人的眼裡，西西無疑成了一個徹頭徹尾的傻蛋。

女人裝傻是一門很深的學問，也是做女人的最高境界。如果裝得恰如其分，男人會對妳更加疼愛和珍惜；如果怕失去他，失去家庭，一味無原則的裝傻，那麼他就會輕看妳，藐視妳，視妳為木偶，最後妳只能自食其果。

對男人適當放鬆，才能更好地控制

戀愛中，一味要求對方迎合自己的節奏，不免有些自私。天天膩在一起的愛侶，總是忽略距離對愛情的意義。對愛人的控制欲要與控制技巧相配合，才能卓有成效。適當地放鬆才能更好的「控制」。

女人往往是出於愛，或者是出於不放心，恨不得把男人拴在自己的身邊。只要男人離開自己三兩分鐘，女人便會坐立不定，寢食難安，三分鐘一個電話，兩分鐘一通簡訊，只弄得男人恨不得摔掉手機。所以有人說：有了愛情，沒了自由！

有女人會說：「那是愛！是在乎妳！」男人苦笑：「如果生活中沒有了快樂，沒有了舒服，那愛又能帶給妳什麼呢？人人都會有想要逃的感覺。」

每個人都渴望自由，並不是每個人都想越軌，想犯錯。當愛情是一種累贅，是一種負擔時，誰還會有能力去愛呢？不是不能盡情愛，而是不能讓愛太狹隘！

一定聽過SHE唱的《半糖主義》吧?「我要對愛堅持半糖主義,永遠讓妳覺得意猶未盡,若有似無的甜,才不會覺得膩。我要對愛堅持半糖主義,真心不用天天黏在一起,愛得來不易,要留一點空隙,彼此才能呼吸。有多少溫柔,何必一次就用盡……」

半糖主義,看著好像跟喝咖啡有關,其實不然。現代社會,所有人都在變化,所有事物都在變化,所有想法都在變化。於是,我們提倡半糖主義、節能情感。當女人害怕愛得過火時,千萬別忘了儲存自己的愛情能量,不要過分緊張他,不要因為他夜歸而胡思亂想,不要因為他受了丁點委屈就暴跳如雷。女人要相信一個成年人化解危機的能力,同時要相信,距離才是保持感情溫度的特效藥。

節能,只是為了保留實力。情感,因節能而精彩。在節能點滴間,付出的是細微的用心和不經意的努力,收穫的卻是不期而遇的喜悅與滿足。

可娜與男友談戀愛已有一年,甜甜蜜蜜、如膠似漆。但這樣的日子久了,難免會有些倦怠。可娜已經明顯感覺到,男友對她已不似從前,也許是對她的存在已變成一種習慣了吧!

一天,男友又約可娜來到酒吧,兩人肩並肩地坐在一起,像平常一樣快快樂樂地聊天,並且喝適量的酒。半個小時之後,可娜停止了說笑,做出一副心不在焉的樣子,開始玩弄手中的酒杯,並且悄悄地嘆一口氣:「唉!」

男友敏感地注意到可娜的舉動,而且用擔心的眼光注視著她。可娜立刻迅速地躲開男友的視線，輕輕地又嘆了口氣，這對男友來說又是致命一擊。

男友忍不住問她：「妳怎麼了？」可娜微微一驚，抬起頭迷茫地看著男友，傻傻地反問道：「怎麼了？」男友真是急壞了，心中開始琢磨，是不是我哪裡不好了？是不是不再喜歡同我在一起了？他想方設法檢查自己的不是，並急於向可娜表白他多麼喜歡她……愛情喜劇便進一步上演，正中可娜下懷。

愛情的風景不可能總是美不勝收。在對愛情甘之若飴的渴望中，需要一些欲擒故縱、一張一弛的「傻」智慧，來緩和愛情單調乏味的過渡。

從前都以為空間與時間會成為愛情的障礙，可是現在「距離產生美」卻被情侶奉為經典。老夫老妻恩恩愛愛、相濡以沫許多年，但總有「審美疲勞」的一天。愛情被消磨在飯菜的平淡之中，也許都已經忘記如何去愛。

小南很愛自己的丈夫，她是那種把愛情看成自己唯一事業的女人，恨不得一天二十四小時兩人都在一起纏綿。她在母親、妻子、女兒三種不同的角色間不停轉換，樂此不疲。時而嬌嗔，時而嫵媚，時而嚴厲，時而頑皮，泉湧而出的女性溫柔無微不至地包圍著丈夫。

漸漸地，她感到丈夫對自己的回應愈來愈少了，有時甚至有些不耐煩。丈夫加班和出差的次數也愈來愈多，彷彿有意躲開自己。她懷疑丈夫不再愛自己了，於是風聲鶴唳，草木皆兵，一點點小事都會被她誇大，雙方免不了一番爭吵。疲憊不堪的丈夫終於提出分居，而小南則滿腹委屈地終日以淚洗面。

女人在和男人相處時應該適當保留自己的空間，並尊重對方的個性空間。這是愛情的緩衝地帶，也是愛情可以長久的動力源泉。即使兩個人非常相愛，生活中也不見得就只剩下愛情這一件事。每個人都有各自的興趣愛好和社交圈子，總有無法相交的部分，而這無法相交的這部分正可以起到潤滑和平衡兩性關係的作用。

女人應該給對方一些喘息的距離，即便不能像「不愛那麼多，只愛一點點」那麼灑脫，至少也要試著少愛一點點。「不愛是為了愛」聽起來似乎很矛盾，其實這恰恰是愛情玄之又玄的秘密。

「半糖主義」是愛情可以倚仗的保鮮劑。鑽研過心理學的錢鐘書先生在他的小說《圍城》中，把愛情那種「得到不如得不到」的心理特質描摹得淋漓盡致。所以，女人何必那麼辛苦地纏著男人，就裝成一副傻傻樣子，冷著他，他自然會靠近妳。

當然，這裡所說的「半糖」並不是「無糖」，愛情需要激情，如果連一句傾心的蜜語也聽不到，哪還有愛的動力？這種「裝傻」的度很重要。

一笑置之讓對方主動坦白

曾有個叫寒山的人問高僧拾得：「世人謗我、欺我、辱我、笑我、輕我、賤我、惡我、騙我，如何處治乎？」拾得答：「只要忍他、讓他、由他、避他、耐他、敬他、不要理他，再待幾年，看他如何。」

人生真的有什麼值得計較？沒有！赤條條來到世上，離去時仍是兩手空空。生命中所有的痛，所有的傷，所有悲歡離合的故事，最終都會停演。所以，凡事都不必太過斤斤計較，一個永遠不吃虧，不願讓步的人，即使真的得到了不少好處，也不會快樂。倒不如豁達點，就算別人把妳當傻瓜也無所謂，天知道妳的生活過得有多麼輕鬆！況且說別人是傻瓜的人，自己未必就聰明。

其實有的時候，有人說出讓妳難以接受的話，做出讓妳不滿意的事，是很正常的。妳用不著有過激的反應。

人的思維、情感處在一個動態的過程中，在這個過程中，會有多種思維、多種情感在彼此交織著起作用。自然，那些有可能傷害到對方的思維與情感，也會在這個動態過程中表現出來——很多情況下，是在無意識的狀態下表現出來的。過後，存在人們大腦裡的「自省系統」，心靈裡的「免疫系統」，會將那種不太合適的說法與做法主動糾正過來。

所以，當與人發生衝突時，妳完全可以不激動，不計較。應該相信，他們在冷靜思考或在自我修養提高後，會自我「檢測」到的。並且，他們中的絕大多數人，也是會透過適當的方式，將自己的愧意或醒悟向對方表達出來的。

麗敏是個心思敏捷的女人，十分懂得洞察人心。她最痛恨的就是男人說謊，可是偏偏她的男友愛說謊，且說謊的技術很差。麗敏每次都毫不留情地揭穿他，接著便要大吵一架。後來，麗敏聽了朋友的勸告：「男人不怕女人兇，只怕女人的溫柔和眼淚。」

麗敏試著改變自己的態度。好幾次，她都故意對男友的謊言不聞不問，只是聽著、笑著，還若有所思的點頭。說謊成性的男友坐不住了，結果反而主動坦白，不僅對她吐露了真言，而且更加體貼她。麗敏笑呵呵地對朋友說：「早知如此，我就早一點學會裝傻嘛！」

其實，回想一下自己，是不是也常常會在別人面前說誇耀自己、貶損他人的話？或者做一些讓對方難堪或為難的事？但事後，又意識到自己的不對，感到內疚和自責，總想著以適當的方式，向對方表達自己的歉意，彌補自己的過失。

所以，不要因為一言不合，就怒從心起，拂袖而去；更不能因為他一件事做得不如意，就耿耿於懷，老死不相往來。只要不是什麼大的原則性問題，任何讓人一時不愉快的事情，都可以一笑置之。只當它是感情之樹上那不可避免落下的枯枝敗葉，相信對方自會把這些「枯枝敗葉」收拾得乾乾淨淨，而且那樹上仍然能源源不斷地結出甜美的果子。況且，當妳原諒一個人的時候，妳心中的煩苦也就同時消失了。

如果妳不依不饒，不僅「放大」了對方的過錯，也讓自己更加難受。而且，沒有給對方留下自己反思、糾正過錯的餘地。妳們的感情，因為妳的過激反應，一下子就被破壞得不可挽回了。

有位部門經理，有一回，別的部門同事把出貨延誤的事怪罪到他頭上，並在網站散佈許多不利於他的言論。當時他被激怒了，立刻回覆，也把那人罵得狗血噴頭，還順便 E-MAIL 給各部門主管澄清。

沒想到，事情不但沒有得到澄清，還鬧得更大，主管之中有一位是對方的親戚，也加入了戰場，彼此唇槍舌戰……最後這件事變成一筆爛帳。

後來總經理和他談話，勸他不要和那位員工一般見識，是非好壞自有公道。

「早知道就不玩了。」這位經理聽到上司的話後，懊惱自己出招太急，「如果能重新處理這種網路攻擊事件，我會一笑置之，不予理會。無欲則剛，我若不動聲色，他反而摸不清我的底細，如今他看清我的底牌，關係反而更加複雜。」

張愛玲說過：「生命是一襲華美的袍，上面爬滿了蝨子。」

雖然悲觀，但也不愧是哲理的總結。生活就是這樣，沒有完美。但是，許多的憂傷煩惱都是我們在作繭自縛，自己捆綁了自己那顆尋求快樂的心靈！如果我們的心胸足夠開闊，足夠豁達，能夠帶著一點傻氣和天真去對待別人，我們的生活一定會幸福許多。

對他的過去，「糊塗」比清楚好

不少癡男怨女因為愛對方，而對對方的過去特別感興趣。他們總會挖空心思盤問對方的秘密。有人還會去刻意調查對方過去的豔史，甚至發動很多人為自己收集愛人「劣跡」。這些人總把好端端的情愛關係弄得緊張複雜，結果多是不歡而散。

不知道是不是所有的女人都這麼好奇——很想知道男友或者丈夫的一切。他曾經做過的工作，得到的成就，他珍惜過的朋友，他的家庭等等。尤其是他愛過的女人，更是一次又一次地追問：「她漂亮嗎？」「她是怎樣的人？」「那是多久以前的事了？」「妳倆好到什麼程度？」……打破沙鍋問到底的精神，真令人佩服那份執著。

沒有人天生就是為另外一個人準備的，也沒有人生下來就知道，自己尋找的是一個什麼樣的人。於是我們在芸芸眾生中慢慢尋找，不合適的，勇敢的說再見；合適的，去大膽的爭取和珍惜。當真愛來臨，我們感謝那些以往陪伴過我們的人，也慶幸我們勇敢的放棄了不合適的人。

所以，人活了幾十年，怎麼可能沒有談過幾場戀愛？女人們大可不必全部瞭解清楚，也不必絞盡腦汁瞭解對方的情感歷史。

對於這些過往的戀情，用不著對比，也沒有勝敗。無論她漂亮與否，強於自己，還是不如自己，都沒有可比性。更不要探究細節，那都屬於過去。如果妳非要占到上風，分出妳死我活，那麼，贏了，妳會得到心理上的滿足，但可能失去他；輸了，妳什麼都不會得到。

美靜與文賓是大學同學，兩人結婚已有五年了。雖然已經沒有初戀時的激情，但依舊恩恩愛愛，是令人羨慕的一對。然而平靜的生活卻因一件小事打破了——

有一次，美靜與文賓去參加同學聚會。在聚會上，遇見了曉虹。誰都知道，曉虹在大學時苦戀了文賓三年，而文賓心中只有美靜。最後曉虹只有傷心地祝福他們。再次相遇，文賓有些不知所措，呆呆地看著曉虹。整個聚會，他都顯得神情恍惚。

這一切美靜都看在眼裡，心中的不是滋味不言而喻。她責問丈夫，為什麼沒用那種眼神看過自己，是不是愛過曉虹，現在對自己什麼感情。不管文賓怎樣解釋都無濟於事。最終，兩人離婚了。

其實，人年少時誰沒有過一段感情故事，在日後某一天突然想起時，多少都會感到一些遺憾和傷感。但這或多或少的遺憾和傷感並不代表愛情，也許只是對逝去青春的回憶，或者是覺得由於自己的冷漠給別人造成了傷害，從而心中產生歉意。因此，只要對方行為沒有超出原則，妳就無須小題大做。否則，只會加深他對昔日的懷念和對妳的失望。

如果美靜能相信自己，相信丈夫，相信他們的愛情；如果她不責問丈夫，而是鼓勵丈夫找曉虹談談，彌補一下多年來的歉意，找回那份因年少無知而失去的友誼，從而和丈夫分享青春的懵懂，偶爾回憶那沒有開始的愛情。那麼，他們還會離婚嗎？

女人，在這些事情上為什麼非要這麼清楚？為什麼不能「傻」一點呢？那些他與別人的愛情，對妳來說並沒有什麼幫助，知道了，只能平添太多煩惱。

雅妮喜歡追查男友的「愛情案底」。或者逼供，或者在不經意的時候，以不易察覺的途徑得之。於是，男友成長階段的「女主角」都被她無情揪了出來：幼稚園時喜歡的那個女孩總是穿著乾淨漂亮的衣服；中學時一個長相平平的女生總在放學後送他學習資料；大學裡的女友是系花，兩人一起演過話劇……

雅妮得意於自己的「戰果」，並頻頻將其作為攻擊男友的「靶子」，早忘了當初保證的「內心知道便好」。她暗自以為，彼此的感情堅不可摧。尋訪「案底」的過程，更能證明自己的價值，以為在所有人中，自己才是對方最喜歡的那一個。

可是熱衷於比較的她最後會發現，自己並不能占盡所有的風頭與先機。她甚至開始懷疑：「他喜歡前女友是不是比喜歡我更多一些？」為此，他們大鬧過一場。

有一天，男友幫她收拾傢俱，抽屜一開，抖落出一地書信。那是雅妮從初中到大學的情書，她喜歡把這些東西作為青春期的標記收藏起來。

雅妮從廚房走出，正看見男友在整理這一疊書信。於是盯著男友質問：「說，有沒有偷看我的情書？」

男友不以為然：「看了幾封，都是小男生的表白。就沒往下看。」

「妳真的對我的情書那麼不在意？」雅妮有些奇怪。

男友說：「這些都是妳的過去，妳無法割裂的東西。」

「可是，我總想你丟掉你的過去。」

男友說：「形式上丟掉，心裡未必丟掉。如果心裡不在意，又何必在意形式上的消失？」

雅妮明白了，其實一直以來，自己是跳進了自己挖下的陷阱裡。她追著對方問，還說：「你的案底我不在意，只是為了更多地瞭解你。」但隨著虛擬的過去漸漸清晰，承受不了的卻是自己。因為，當她追著詢問的時候，在意的心思已經昭然若揭。

有一句話叫做「英雄莫問出處」，細想起來這句話適合所有的人。過去的確只是過去，那是已經凝固和無法改變的歲月。我們要面對今天、走向明天，除了裝傻，我們別無選擇！過去也是我們奔向將來的養料，它不代表我們的現在和未來。從這個意義上說：我們沒有過去！

換一種姿態對待男人的「花心」

女人總是試圖尋找禁得起誘惑的男人，總是渴望男人信守愛情承諾，不出軌，不花心。可到頭來，總是碰一鼻子灰，失望而歸。沒有不花心的男人，就像沒有不偷腥的貓。但是男人的「花心」有時候也並非一無是處，如若善加利用，也一定能讓他立正稍息只看妳……

男人在工作中或許叱吒風雲，呼風喚雨，遊刃有餘；或許在官場上位高權重，一言九鼎，左右逢源，八面玲瓏。然而，在女色面前，往往威風盡喪，禁不起誘惑，失足落入溫柔的陷阱裡，迷途不返。「明知山有虎，偏向虎山行。」多少高官落馬不是與此有關？明知道色字頭上一把刀，可還是有好色男人前仆後繼，頂刀前行。

西蒙·波娃說：「對於男人我們『擒住他』是一門藝術，而要『守住他』卻是一份差事。」

「擒住他」即是順利的讓他成為妳的乘龍門婿。這個過程是美妙的，讓女人洋洋得意，沾沾自喜。可是「守住他」就變得瑣碎而令人煩躁。

經歷過新婚的激情，女人總能敏感地覺察到男人的熱情一天天冷卻。為了守住他的男人，女人費盡心機。有時候裝作大方，有時候卻又故意顯露她的嫉妒與刻薄。每時每刻都盯著男人身邊所有的女性，腦子裡容不下別的事情。

可是，女人雖然研究了幾千年的「馭夫術」，哪怕是像戴安娜王妃那麼尊貴而典雅的女人，也「守不住」男人。我們何不換一種姿態，省得做女人那麼辛苦？

大勇的妻子是個標準的家庭好主婦，她善良、勤勞，把家打理得井井有條。因為妻子的默默支援，大勇從來沒有因為家裡的事而耽誤過工作，事業穩步上升。

然而，隨著他事業上的發展，圍繞在他身邊的女人愈來愈多……妻子沒有怨恨，更沒有吵鬧。她仍是每天做好了他愛吃的飯菜，熨好了他第二天穿的襯衣，在家等他。

然而有一天，妻子突然病了，回娘家調養身體。大勇樂得高興，終於可以自由了！他不知道，妻子臨走時悄悄將一個筆記本放在抽屜裡最顯眼的地方。

妻子走後，女兒上學需要照顧三餐，成堆的衣服需要清洗，家裡亂成一團糟。大勇忙得像打仗，他這時才發現，少了妻子，他什麼也做不了。他在家翻找食譜時，在抽屜裡發現了那個帶扣的硬殼筆記本，裡面夾著幾張照片。大勇頓時傻了——這是他跟情人的照片，被粗心的他遺忘在衣服口袋裡。大勇繼續翻下去，原來妻子竟有寫日記的習慣，裡面記錄著每次大勇與別的女人約會時妻子的痛苦心情。但是，妻子並沒有怨天尤人，而是在每一篇結尾都寫著「相信他是真心愛我的！」

原來他背著妻子做的一切，妻子都心如明鏡，卻故作不見。那一刻，大勇淚如泉湧。他以最快的速度找到妻子，握住妻子的手，哽咽著：「妳……真傻啊……」

在現實生活中，當男人出軌後，妻子很多時候都是採取大吵大鬧的方式，想挽回自己的感情，結果卻不理想。實際上，有時男人出軌並不是他真的壞，不是有句俗話嗎？常在河邊走，哪有不濕鞋。難道他真的不可救藥了嗎？人都有走錯的一步，這時，他需要有個人帶他回到正路上。但是，不要讓他認為妳的寬容是軟弱，妳要讓他感動，要讓她知道妳的忍讓是愛他、在乎他，是為了這個家。

當然，如果遇到個不識抬舉的男人，對於女人來說，忍不忍結局都是一樣的。有許多女人比希拉蕊更善於隱忍，但是忍到最後，除了給自己弄出一身病來，並沒有使男人回頭。所以，女人還要看這個男人是否值得妳那麼癡，那麼傻。

詩蘭結過兩次婚，兩次都遇到同樣的問題。第一次，她選擇了「精明」，於是速戰速決，堅決離婚；第二次，她選擇了裝傻，結果大獲全勝。

與好友聊起來，都問她為什麼第二次比第一次結果要好，是不是總結了第一次的戰鬥教訓？回答竟出乎意料：「第一次我壓根就沒有想要忍！我看重他不過是因為他忠厚老實，後來發現他竟然連這點優點都沒有，那我還跟他做什麼？他根本沒有讓我為他裝傻的資本，而且，他也實在太沒有選擇了。那樣的女人，我根本懶得去爭。」

詩蘭與第二任丈夫是有深厚的感情基礎的，他們共同創業，白手起家。後來詩蘭為了生意需要，帶著二千人馬北上開拓市場，而丈夫就在這時和一前來採訪的女記者打得火熱。

詩蘭認為，這個男人值得她原諒，於是她就給了他機會，也給了自己機會。

禁不起誘惑是大多數男人的軟肋。他能愛妳，甜言蜜語，他也能愛別的女人，巧舌如簧。女人要麼徹底和他分手，重新尋找，讓他獨自品嘗自釀的苦酒；要麼請原諒他的過失，給他機會，讓他成長。不必太斤斤計較，總是要男人回答：「她哪裡比我好？」「你為什麼要這樣待我？」這個問題永遠沒有答案。男人就是這樣禁不起考驗，禁不起歲月的飛轉流長。但是，如果女人裝傻裝得好，男人們也不是那麼容易得逞。

關注男人的心比管住他的錢包更重要

其實，傻女人也聽過「男人有錢就變壞」之類的忠告。但是，傻女人自有她們的聰明之處：想變壞的男人即使沒錢也會變壞，不想變壞的男人哪怕有錢也不會變壞。而那些變壞的男人背後，往往不是因為有一個傻妻子，而是因為有一個精明過頭的老婆。

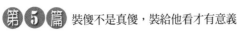

在過去的每一個朝代，五尺鬚眉的大丈夫們是從來不與「私房錢」這三個字沾邊的。私房錢是女人的專利。然而，時下流行一種叫做「四方錢」的銀行卡（取「私房錢」的諧音）。據說，使用這個業務的更多的是男人，而不是女人。幾個男人在一塊，假如有人掏出包好菸，就一定有同伴戲謔說：「藏了不少私房錢吧？」掏菸的便挺了胸硬嘴說：「我們男子漢大丈夫用得著玩那小勾當？」心裡卻說：「大家還不是彼此彼此？」

其實，男人們有點私房錢不是什麼了不起的事。男人個個都死要面子，老抽別人的菸怎麼行？老喝別人的酒怎麼行？所謂「有來無往非禮也」。所以，女人們不能「明察秋毫」，把男人弄得身無分文，使自己的男人變成朋友眼中的「小人」。何況，區區幾文小錢終究成不了什麼大氣候，就像小泥鰍翻騰不起大波浪一樣。妳防丈夫一闊臉就變，但死要面子的丈夫一窮臉也會變。物極必反，兔子急了還咬人，更何況是血氣方剛的大男人？

常常看到這樣的女人，把丈夫的錢包看得很嚴。這可能出於兩種心態，一是怕男人不會管帳，亂花錢，由自己來管理，更有利於小家庭的合理消費和長遠建設。二是怕男人在外應酬多，誘惑多，有錢就好比有了犯罪的子彈，容易誘發「出軌事件」。無論基於哪種心態，女人們都說：我是為了他好。

持「男人有錢就變壞」理論的女人覺得，不能讓男人有太多的錢，所有的錢必須掌握在自己手上。在這種理論指導下的女人活得更辛苦，每天都算計著自己的男人花了多少，自己花了多少，更有甚者還打電話去男人的公司，直接問公司漲了自家男人工資沒有。男人在外面處處受了限制，回家估計也沒有了什麼好心情，更別提生活激情了。

而男人，大多數是喜歡群聚的動物。跟朋友在一起把酒當歌的時候，掏遍身上湊不齊錢，落個「氣管炎」（妻管嚴）的名聲，當場就訕訕地掛不住。男人經歷這樣的尷尬後，火氣就會特別大，回家很容易因為一句不和就與妻子吵起來。

有的男人想辦法攢私房錢，單位發額外的一筆兩筆小錢，瞞下來，建立自己的小金庫。妻子多少知道一點，就惱火：我管錢也是為妳好，妳要買什麼就跟我說，為什麼要偷偷摸摸，是不是心中有鬼！於是，控制與反控制的抗爭好戲上演。這樣的吵吵鬧鬧中，往往很難分出對錯，也沒有最終的勝利者，傷的是兩人的感情，撼動的是最初苦苦經營的婚姻。

在婚姻中，聰明的女人往往會「傻一點」，她明白，給男人自由，也是給他尊嚴。關注丈夫的心，比管住他的錢包更重要。

傻女人大多不愛管錢。男人的口袋充實了，底氣足了，心自然就會被快樂和自由漲滿。男人想多拿點錢孝敬父母，想邀哥兒們下館子敘舊暢談，都不必向老婆伸手看老婆臉色。男人面子掙足了，自尊心滿足了，怎能不在父母朋友面前稱讚老婆幾句？

其實，傻女人也聽過「男人有錢就變壞」之類的忠告。但是，傻女人自有她們的聰明之處：想變壞的男人即使沒錢也會變壞，不想變壞的男人哪怕有錢也不會變壞。而那些變壞的男人背後，往往不是因為有一個傻妻子，而是因為有一個精明過頭的老婆。

如果丈夫的一位朋友急用錢，丈夫把錢借給了朋友。精明的女人知道後會琢磨著：「他背著我借錢給別人，有第一次就會有第二次，這次告訴了我，可能還有事瞞著我。」如果光琢磨借錢這事還好，再考慮問題細密點：「他不是把錢借人了而是送人了，借錢的是男的還是女的？」這不起家庭戰火才算怪！

精明強悍的女人是一條繩子，緊緊地捆綁了男人的手腳，也束縛了男人的靈魂。這樣的婚姻外表看起來安全美滿，其實裡面千瘡百孔。會裝傻的女人是一張沙發，大大的寬寬的，溫暖而舒適，男人可以躺在上面隨意地看報自由地交談。這樣的婚姻看起來不大嚴謹，其實更接近婚姻的本質，更符合人的天性。

做女人，何謂「聰明」，何謂「傻」，傻到極致就是聰明，聰明到極致是什麼？聰明反被聰明誤。所以，做個傻女人又何妨？傻女人就是這樣以她若愚的大智，換得了男人的真心真意，也換得了最本真的婚姻。

不鑽牛角尖的女人活得更自我

「機關算盡太聰明，反誤了卿卿性命。」這是《紅樓夢》一書中對聰明過人的璉二奶奶王熙鳳的最後判詞。世人都願當智者，不願做傻瓜。然而事實上，人世間凡事複雜善變，我們不可能把每一件事都掰扯得清清楚楚，況且有些事情弄得愈清楚就愈讓人煩惱。

人應該是愈活愈聰明的，聰明到一定的程度就知道什麼時候該「傻」了。如果目光太銳利，就會因為「解析度」太高而把很多不美的東西「識別」出來。女人最好能有一個合適的「解析度」，恰到好處地過濾掉一些無傷大雅的瑕疵，但又不至於影響到基本的功效。這樣，才能看到整體，看到美好。

《聖經》裡有這樣一句話：「妳自己眼中有樑木，怎能對妳弟兄說，容我去掉妳眼中的刺呢！」先去掉自己眼中的樑木，然後才能看得清楚。一些女性，之所以不幸，就是因為她們太過認真，也太過敏感了，對待生活有時有一種幾近病態的苛刻。而這種苛刻在很多時候是不講理或不正確的，就像下面這則故事裡所說的那樣：

在風景如畫的夏威夷，住著一位貿易商的格林小姐。有一次她要去日本談一樁十分重要的生意，到機場買好機票，還有幾分鐘剩餘時間，格林小姐走到電腦算命機旁邊。

「名字叫格林．露絲，體重一〇八磅，要搭二點二十分飛機去日本……」她深感吃驚，因為上面寫的內容除了體重一〇八磅比她真實的體重多兩磅外，其他完全正確。她覺得有人在開玩笑，於是又踩上去，投了一塊銅板。接著，又掉下來一張命運卡：妳的名字還是格林．露絲，體重仍是一〇八磅，妳還是要搭二點二十分的飛機去日本……她更納悶了，她想：「其他一切都那麼準確，為什麼偏偏體重多出了兩磅？肯定是有人在故意搗蛋。」

格林小姐決定捉弄一下對方，她到大廳的洗手間裡換了一件套裝，並在化妝上也稍加修飾，她相信現在的她就是爸爸見了也要看上一刻鐘才認得出來。於是，她再次踩上算命機，投下了銅板。命運卡又掉下來了：「妳的名字還是格林．露絲，體重還是一〇八磅，不過妳剛剛已經錯過了二點二十分的班機。」

這個故事聽起來似乎有些荒誕，但是在現實生活中，確實有很多人經常想不開，愛較真。結果，因為對一個自己明明心知肚明的道理過分認真，從而耽誤了生命的班機。

人有時候總會容易被自己的小聰明所蒙蔽。小聰明會讓人容易鑽牛角尖，會更容易去把注意力放在一些細枝末節的問題上，不能很好地去把握大局。

「精明」的女人往往是過分的「精明」，會在「斤斤計較」中失去很多寶貴的東西。追求完美是好的，但過分追求完美卻是與自然規律相違背的，因為這個世界根本就不存在絕對。「精明」的女人什麼都想拿，什麼也捨不得放下，拿起來卻無處放，因為小聰明者的心胸中只放得下自己的心，硬往裡塞只能感到憋屈。於是整天抱怨人生怎麼那麼多不如意，活著怎麼那麼累。其實，都是「精明」惹的禍。

傻女人是行大禮不拘小節的，把握主要方向就好了。何必非要做聰明女人，有一雙善於發現的眼睛。有些時候有些內容不發現更好，或者不需要發現。這樣，還可以活得更自我一點。自得其樂有什麼不好？

女人的裝傻是一種微妙的情感表達

東方女人特有的矜持、含蓄、曖昧令人銷魂。一個眼神，一個微笑，一個翹首的風姿都透著女人的嫵媚和動人。妳無須說出來，但他已然明白。

情感，從個體內部來說，是一種內心體驗。從個體與環境的角度來看，情感是對個體需要與環境關係的反映。確切地講，是反映了心理需要與對象物之間的關係，代表欲望的幻想與現實物件之間的關係。

男人們總不斷感嘆女人心像天上的雲，讓人猜不透。那是因為，女人往往羞於表達自己的感情。一名抑鬱的女性對諮詢師說：「我發現自己不穿他不喜歡的衣服，不買他不喜歡的東西。所有的打扮，都是為他。在我們的關係中，他是中心，我要盡力讓他開心。有時候我覺得這不公平，並感到憤怒和失望，但我壓抑著自己不要表達。我媽媽也是一生都聽爸爸的，也許我在要求不該要求的東西吧。」她的話反映了抑鬱女性的典型行為和心理活動。

女人，尤其是年輕女人，正處於情感豐富的黃金季節。她戀愛、她撒嬌、她奔放、她體貼、她體驗、她陶醉，最重要的是她表達，她要表達的是：她是多麼喜歡他、需要他、愛他、關心他。她不僅要表達，還希望他注意到她對他的表達。她渴望體驗表達的快感，除了她自己，也包括渴望她愛的人和周圍認識的人也注意到她的這種美妙的感覺。女人天生想與他人產生共振。

所以，女人不能不表達。女人抑鬱往往是不敢表達內心須求和願望、自我否定、自我沉默的結果。但關鍵是，該如何恰當地對男人表達呢？

曾幾何時，野蠻女友一類的時尚新人類一反傳統，不僅公開示愛，「我愛你，我想你」之類羞於出口的話每天都要說上幾十遍。甚至，對男人大打出手，邊打邊問：「你愛不愛我！不說我打死你！」讓習慣了傳統女人的男人目瞪口呆。當然，這也是一種愛情表達方式，問題是，這樣的表達偶爾為之可以，太多了，是不是少了一些值得玩味值得牽腸掛肚的美感呢？

中國婦女的傳統美德中，含蓄之美是女人之美的核心。女人是為愛而生的，但中國女人對愛的表達，從來都不是直白的。祝英台為了向梁山泊表達自己的愛情，十里相送，幾番暗示，傳為千古愛情佳話。林黛玉為了向賈寶玉示愛，一會寫詩，一會兒葬花，一會兒焚稿的，那叫一個急死活人！然而，愛情之美，不正在於這些隱約的，含蓄的表達中嗎？所以，對男人的情感表達不一定非要說出口，裝傻！給他暗示，讓男人自己去琢磨。

女人的暗示，或許只是多看一眼，又恐對方不能完全瞭解自己的情意，往往用相反的言語和眼神來表明，想利用欲擒故縱的手法來發出愛的信號，以此來加深讓男人對自己的關愛。女人的裝傻真是一種微妙的情感表達。

對於女人這一份情感的微妙，大部分的男人會有兩個反應。第一，有可能會很懂這女人的心理，處處的去迎合她，把她捧成自己的皇后一樣，以達到最終雙宿雙飛的佳境；第二，有可能置之不理，任其表演，最終讓女人心甘情願的投入懷抱。

表面上男人勝了，可男人一旦有以上兩點情況的心態時，就已經表明男人在注意妳，他已在關心妳。他在注意妳的言語，注意妳對周圍男子的關心程度，在收集妳的情感證據。他希望能擁有妳的親密，會感覺，女人對其他人都很好，惟獨對自己為什麼那麼冷淡？此時的女人已在不經意當中，達到了目的。裝傻，既維護了自己的自尊又能完成自己的幸福。

愛是偉大的，如果真愛一個人，就會心甘情願為他而改變。如果一個人在妳面前我行我素，置妳不喜歡的行為而不顧，那麼他就是不愛妳。所以，如果妳不夠關心他或是他不夠關心妳，那是因為妳不愛他或他不愛妳，而不要以為，自己本來就很粗心，或者相信他是一個粗心的人。遇見自己真愛的人，懦夫也會變勇敢，同理，粗心鬼也會變得細心。

傻女人讓婚姻沒有束縛

精明的女人是一條繩子，緊緊地捆綁了男人的手腳，也束縛了男人的靈魂。這樣的婚姻外表看起來安全美滿，其實裡面千瘡百孔。傻女人是一座沙發，寬大而舒適，男人可以躺在上面隨意地看報，自由地交談。這樣的婚姻看起來不大嚴謹，其實更接近婚姻的本質，更符合人的天性。

有些女人活得很辛苦，她們千方百計盯緊男人，恨不能把自己變成麥芽糖，時刻把男人粘在自己身邊。男人偶爾不在，她們更是一刻不停地打電話，要男人一遍遍地報告行蹤。可惜的是，男人從電話那端傳來的聲音雖然溫柔卻失去真實：「我正加班呢！」「我晚上有個應酬。」

其實，誰不知道他們正在那兒偷著樂呢！而只有傻女人，才有可能聽到男人的心裡話：「我在打牌。」「跟朋友喝酒呢！」男人省卻了編造謊言的麻煩，哪能不在心底裡對妳感恩戴德？

男人大多數時間其實像小孩，信任與鼓勵永遠比猜疑和指責更有效。

作家曹又方曾寫過：「只要兩性之間，依然追求和維繫著愛與性的獨占性的話，男女之間，便會充滿了謊言，而且永遠無法真實起來！」

仔細想想，其實在現實生活中，女人的獨占性和男人的自由性之間注定存在著謊言。只是在面對那些謊言時，男人能聰明幾分，而女人又能糊塗幾分呢？如果這些謊言，只是男人善意的謊言和微妙的心態，而並不是刻意的欺騙，那不如就在信任中給他一個自鳴得意的機會，給自己一份善解人意的平和……

俐俐是個普通女人，而丈夫卻是一個成功的商人。當年，幾乎所有參加婚禮的人都認為，他們不會幸福的。可是一晃眼七年過去了，他們還是那麼恩愛，已經有了兩個孩子，一家人其樂融融。

俐俐的丈夫在結婚之後很珍惜家庭，很愛妻子和孩子。每一次，她的丈夫帶她出席飯局，都有朋友不斷說起她丈夫婚前婚後判若兩人的事。她的婆婆也一再誇獎她能幹聰明，說她改變了自己的兒子。她的丈夫在工作之外，不再將所有時間花在應酬上，更多的時候都是回家陪伴妻子和孩子。

可以說，俐俐真的很幸福。朋友向她探求她的幸福的秘訣，俐俐說：「讓自己傻一點！」

俐俐從來不約束她的丈夫。儘管她知道，一個成功的男人背後一定會有大批形形色色的女人。但是，丈夫既然選擇了和她結婚，那麼，那些女人就不應該是她現在考慮的問題。因為，她已經勝出了。

大多數女人在自己的愛人面前，都會一股腦兒竹筒倒豆子般的解剖自己，然後，再解剖身邊的同事朋友以及所有相關的人和事。最重要的一點是，似乎不告訴對方自己的行蹤，就是不愛他的行為。

但俐俐是屬於那種不問也不說的女人。她從來都不去想像丈夫出門後的情景。她說這是給自己增加壓力。很多東西都是女人自己想像出來的，想得多了，對自己就是一種傷害。倒不如把這個想像的時間拿來做出讓老公來想像的事情。比如，出去和好友約會，但是前提一定不要告訴他。也沒有必要告訴他，因為妳沒有這個義務。她的丈夫倒是經常反過來開玩笑地問她：「老婆啊，我今天打電話回來妳不在家，是不是會男朋友去了啊？」

女人要學會跟男人玩蹺蹺板。妳愈盯著他的一言一行，他愈洋洋得意；妳隨他去，他倒變乖了。

有些女人喜歡坐在家裡等老公，似乎只有這樣才是愛的表現。一天不回來，挺過去；兩天不回去，還是忍著不發作；三天不回來，就堅持不了了，開始責怪，開始發洩，開始爭吵。老公一如既往，自己倒成了潑婦，婚姻也散了。很多事情就是這樣形成的，到頭來，還什麼都沒得到。

做一個傻女人不會把老公嚇跑，一個傻到連自己的事都要老公親自過問的人，還能管的了老公的事？看電視裡上演的那個《手機》，實在想不通，那些女人為了翻出老公的私情，跑去查老公的通話記錄。操那麼多心，結果又怎樣？倒不如經常特別關照老公：「千萬別告訴我，就當我不知道。」

「傻」其實是一種境界，不是傻成了一鍋粥，也不是腦袋變成了漿糊。「難得糊塗」，古人就提出這樣的哲學，其實這也是為人處世的精華所在。真正理解了「傻」的內涵，那該真是「難得糊塗」了！做女人，一定要傻，不要讓自己變成潑婦，更不要去做攀附在男人身上的藤。這樣才能讓自己美麗又有魅力。

小測試

妳如何處理情感危機

不管哪個年代，女人總喜歡把自己打扮得漂漂亮亮，那妳認為下列哪項最能展現女人韻味？

A．肚兜
B．鳳冠霞帔
C．三寸金蓮
D．旗袍

測試結果

選擇A

在情感危機面前，妳屬於面不改色型。妳是個很有自信與魅力的女人，當妳知道另一半有外遇時，妳不會慌張，懂得留給雙方適度的自由，並相信自己一定可以挽回對方的心。

選擇B

如果遭遇情感危機，妳屬於兵敗如山倒型。妳是個很天真的女人，不會立刻察覺到身邊的危機。當妳遇到感情挫折時，很容易讓情敵一舉入侵，然後把妳打得落花流水，妳卻極少有防禦的辦法。

選擇C

遇到情感危機後，妳屬於在角落舔傷型。妳習慣隱藏自己的情緒，會躲在一邊想法保護自己，在感情的表達上往往比較消極，對方會不清楚妳的在乎程度。當妳遇到挫折後，大多會躲在角落舔傷口，不敢直接面對，處理問題的做法很不乾脆。

選擇D

在情感危機面前，妳屬於偵探柯南型。妳的危機意識很高，只要稍微察覺到另一半有問題，就會徹底追查，直搗問題核心，讓做了背叛之事的對方無法遁形。因為深知妳的愛情潔癖，妳的另一半一般會乖乖地不敢惹妳。

第六篇　懂得裝傻的女人不當女強人

——太強勢的女人讓男人望而生畏

現任美國國務卿賴斯，她才智過人，精明強幹，是國際政壇的風雲人物。賴斯也喜歡過一些她身邊的男人，可是到了談婚論嫁的時候，他們都退縮啦，首先是不敢，然後是覺得自己不配，這讓賴斯很苦惱。她曾經發出這樣的感慨：現在如果有誰願意娶我，我情願做個天天在家裡等老公下班的家庭婦女。工作畢竟是有限的，家庭幸福才是陪伴妳終生的。

強勢的女人會讓男人心生畏懼

不管怎樣的女人，都應該找一個旗鼓相當的男人，妳強，他更強，妳就變成了可愛的小女人了。妳強他弱，妳就會成為威脅他尊嚴的壓力。所以，女人在愛情面前，一定要擦亮眼睛，分清重量級和段位。

很多要強的女人都不明白，為什麼大方善良、性格樂觀、長相也不算難看的自己總是為他著想，卻總是被戀愛和婚姻拋棄？

翹楚和男朋友分手時，他說：「妳太好了，讓男人覺得慚愧。我知道，我以後不可能遇到比妳更好的女人。」但他仍然離她而去了。

後來，翹楚見到了他的老婆，一個看上去十分普通的女人。翹楚不知道，自己為什麼敗給了不是對手的對手。翹楚曾經以特別放鬆的心情問過他，喜歡那個女人什麼。他居然回答說：「她比妳有情趣，她像一個女人，妳不像。」

無獨有偶，這裡還有一個才貌雙全的女強人。她大學上的是名校，研究生讀的是知名教授，讀博士去了國外。用她的話說：「在國內這片地方就沒有我看得上的博士生導師，不是急功近利，就是傻教授，就那點水準根本不配做我的導師。」

但就是這樣一個厲害的女人，有相貌、有地位，如今四十多歲了，卻仍孤身一人。她在事業上是不錯，有名聲、有成果，好多地方對她展開了爭奪，可是她卻常常嘆息自己的人生。

有一次她很不明白的問一個閨房密友：「像我這樣的女人，為什麼到現在就沒有一個男人追求過我？」

密友說：「朋友們私下裡不止一次談論過妳的問題，男性朋友的答覆驚人的相似：我們都覺得自己配不上她，她是太出色、太明白啦。」

的確，像這樣一個女人，誰能在她面前活出點尊嚴來呢？男人情願找一個傻一點、笨一點的老婆，活得輕鬆自由些，活出男人的自尊來，也不願意被強勢的女人挑剔、限制和忽略。

在《紅樓夢》裡，王熙鳳可是大名鼎鼎的絕色美人，一等的水靈，又出身高貴，聰明絕頂，整個賈府就看她的了。這讓她的丈夫賈璉很不是滋味，在她面前自覺矮了三分。賈璉心裡哪能平衡？於是，就背著她偷雞摸狗，大白天把一個下等女人鮑二家的帶到家裡睡覺，倆人還合計著咒她早死，把出身低微的小妾平兒扶正。可憐掌管賈府上上下下，威風八面的王熙鳳竟落得個這樣的下場！

太強勢的女人會讓男人望而生畏，妳力大無比，妳才識過人，妳事事精明，那還要男人做什麼？

男人為什麼喜歡那種小鳥依人的女人呢？因為小鳥依人的女人藏起了她的力量，掩蓋了她的才識。這種女人精明就精明在她會裝傻，讓男人覺得自己是高大的、不可或缺的。

如今，自強不息的女人很多，她們像男人一樣工作，像男人一樣成功，卻無法像男人那樣忽視愛情。很多男人可以把事業的成功看成人生唯一的追求。然而，再成功的女人，還是會對愛情充滿期盼，覺得那才是人生最大的榮耀和幸福。

A小姐聰明漂亮是一家外企白領，今年都二十九歲了，整天為工作忙得小腿肚子都冒青筋，婚姻大事一拖再拖，現在總算有了危機感——定神下來一看，同學的孩子都上幼稚園了！她這才大呼小叫地喊孤獨寂寞。

像她這種精明的女人不孤獨寂寞才怪，整天跟人精似的，今天到電台主持節目配音，明天文章發表見報，後天又飛走了去開會，哪個男人敢要！稍弱些的男人是不敢冒這個風險的，而強大些的男人又不習慣女人比他強！

其實，每個女人骨子裡都是很喜歡家的。A小姐也表示：「我會為我愛的男人燒飯洗衣生孩子，到時候不工作也行。」所以，女人不要總以女強人的身份出現，適當在男人面前裝裝傻，別逞能什麼都懂，或許就不至於嫁不出去了。

女人再強也強不過現任美國國務卿賴斯，她才智過人，精明強幹，是國際政壇的風雲人物。但那又能怎麼樣呢，她每天穿梭於政要之間，抬頭見的是布希，回頭見的是克林頓，可是這些人能給她家庭幸福嗎？

賴斯也喜歡過一些她身邊的男人，可是到了談婚論嫁的時候，他們都退縮啦，首先是不敢，然後是覺得自己不配，這讓賴斯很苦惱。她曾經發出這樣的感慨：現在如果有誰願意娶我，我情願做個天天在家裡等老公下班的家庭婦女。

工作畢竟是有限的，家庭幸福才是陪伴妳終生的，我還是贊成女人裝點傻，這無傷大雅，也不會觸動原則。

女人活得太認真會很累

太聰明的女人洞若觀火，男人的種種瑕疵劣跡，全都逃不過她的火眼金睛，男人就會活得很累。會裝傻的女人能把婚姻從瑣碎無聊、患得患失的境地拯救出來，她們不會去計較生活中雞零狗碎的事情，不去追究老公無傷大雅的小秘密，只把他當男人來尊重。男人在她面前永遠覺得自己是個大丈夫。

大多數男人並不喜歡特別聰明的女人，太聰明的女人洞若觀火，男人的種種瑕疵劣跡，全都逃不過她的火眼金睛，這樣的女人會給男人一種不安全的感覺。

某女自幼聰明絕頂，當同齡人還在懵懂無知中度日的時候，她就對什麼事都成竹在胸，是同齡人中的佼佼者。她看事非常透徹，有時候妳覺得隱藏得很深的小秘密，都能被她輕而易舉地發現，並能一針見血地指出來。她常說的一句話就是：別在我面前裝，就妳那點心眼，我剩下的都比這多。這使得周圍的女孩對她崇拜得五體投地，卻很少有男生喜歡她。

到了該結婚的年齡，她先後談了多少男朋友，自己也說不清，但如今已是不惑之年的她卻還是孑然一身。

在事業上男人或許喜歡鐵娘子，但在家庭裡，男人還是更喜歡有些傻傻的女人。女人把男人當依靠，男人就覺得自己是個大丈夫。家庭是溫馨的港灣而不是戰場，兩個人的眼睛一天到晚都睜得大大的，注定要有戰事，有戰事就會有傷害。所以，女人得學會裝傻，她才能掌握駕馭幸福的本領。

有個女同事，她敢愛敢恨，獨立堅定。戀愛時總堅持自己付帳兩不相欠，同居時老老實實出生活費，買小傢俱、小家電，累得半死也不訴苦不發牢騷，甚至連結婚時買房子她都主張AA制。她說：「為了愛情我心甘情願。」

然而結果怎樣呢？男友說他受不了她大女人的獨立強悍，他想找一隻需要他保護的依人小鳥。然後，翻遍口袋掏出一疊鈔票遣散她。她想為自己爭辯，不想他早把話說在前面：「你就當我沒出息吧，反正你一向堅強獨立，事業也有發展，而她，離了我是不能獨自生活的。」

與此相反，B先生在遇到強力誘惑的時候，在他就要偏離軌道的時候，最擔心的就是老婆離不開他，沒有他，老婆一天也活不下去，最終他又回到原來的生活中。

事實上他老婆是個非常精明的小女人，老公的一舉一動她都心知肚明。她也多疑，她也怕失去老公，可她更知道怎麼對待老公的一切，如果她肆無忌憚的去爭去奪，也許她老公早就成了別人的囊中之物了。在老公心不在焉的那段日子裡，她裝作傻乎乎的樣子一如既往關愛他，裝作什麼都不知情。其實她也翻老公的皮包，也查老公的電話，也曾不動聲色的偷偷跟蹤老公，可是她所做的這一切，都是在老公不知情的狀況下悄無聲息進行的。老公真的是不忍心離開她、更不願意傷害她，沒有挑開的事就這麼稀里糊塗的過去了。

太認真的女人會活得很累。有這樣一個女人，丈夫無論怎樣用力地掃地抹桌子，她都會說沒掃乾淨沒抹乾淨。因此，丈夫就什麼家務也不用做了；丈夫無論怎樣跑斷兩腿去市場買東西，她都不放心，而且認真地挑剔丈夫買的東西品質不行，所以，買菜買米的家事丈夫也不用做了。丈夫哪天高興了下廚房做飯炒菜，她就更是一百個不放心，因為她在烹飪方面很講究，說丈夫做的飯菜難以下嚥。這樣一來，廚房裡也沒丈夫的事了，在家裡丈夫唯一的權利就是坐在那裡享福。而在家裡裡外外的事，她都一個人撐著。這樣的女人，能不累嗎？

人們常說，傻人有傻福。任何事情都有它的模糊地帶，婚姻也不例外。太較真，婚姻就會產生細小的裂縫，天長日久，縫隙就會愈來愈大，最後可能無法修補，以致婚姻解體。所以聰明女人會裝傻，裝傻實際上是真聰明。

當然，「裝傻」並不是讓人唯唯諾諾，忍氣吞聲，而是換一種方式，把生活中的小事模糊處理。「裝傻」是一種境界，是聰明女人的所為，並不是每個女人都行的。我們可以把裝傻理解成一種撒嬌，也可以理解為一種伎倆，裝出水準才叫聰明。

裝裝「傻」使對方放鬆警惕

真正謀略出眾的老闆和業務高手，在客戶面前會把自己偽裝成一個胸無城府、才幹平庸、老實本分的「大傻」，從而使客戶放鬆警惕。妳成功了，沒有人會因為妳的「傻」而輕視妳的存在。男女交往中也是如此，女人裝裝傻，更容易贏得男人的坦誠相待。

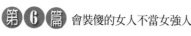

沒有人不希望給別人留下精明能幹的印象，尤其是在職場和商業圈內。有些人為了給對方留下精明英武的形象，在和客戶接觸的時候甚至會故意顯示自己的綜合實力。事實上，展現自己的智慧謀略和聰明才智並不是獲得他人認可的唯一手段。真正謀略出眾的老闆和業務高手，在客戶面前會把自己偽裝成一個胸無城府、才幹平庸、老實本分的「大傻」，從而使客戶放鬆警惕，輕而易舉地擠掉競爭對手。

最近，王先生的業務愈來愈好，前幾天又承接了兩個比較大的工程。由於需要大批量的原材料，原來的採購價格和供應商已經不能滿足新形式下的需要。重新尋求可靠的供應商提供價廉物美的材料一事，便成了刻不容緩的事。

原材料經銷商們望風而動，紛至遝來，恨不能使盡渾身解數。為了獲得王先生的青睞，有人託關係的，有人走後門的，也有人直接聯繫，人人都號稱品質可靠，價格合理，弄得王先生應接不暇。

王先生是久經商場的老將，他心裡自有打算，此次選擇客戶一定要嚴把三關：人品關、價格關和品質關。其中人品這一關是重中之重。如果供應商人品有問題，隨著用材使用量的增加，合作程度的加深，對方難免不弄虛作假，以次充好，甚至為了達到以次充好的目的而拉攏腐蝕自己的員工。如果演變成那樣的話，不僅自己的工程品質難以保證，而且還會給自己的團隊管理埋下無窮後患。因此王先生一邊應付著和所有的供應商洽談，一邊冷眼旁觀著供應商們的一舉一動。

經過觀察，王先生對一家供應商產生了興趣。這個供應商的公司實力中等，不託關係，也不走後門，讓業務接洽了幾回以後，其老闆又親自和王先生進行了洽談。這個老闆居然是個女的！洽談時，她笑聲漫天飛，一副傻呵呵的樣子，言談舉止豪放有餘，文雅不足，與那些老謀深算的商人形成了明顯的反差。

接觸後，她邀請王先生去喝兩杯，王先生盛情難卻就赴宴了。可是她兩杯酒下肚，就酒力不支，接下來就是吐著發硬的大舌頭，絮絮叨叨只是強調自己的產品價格合理，品質穩定，簡單一句話就是——沒話說啦！王先生帶去的員工在一邊都暗暗的發笑，覺得這老闆太實在，有點傻。心裡想：王總不會用這個人的材料了，一個活脫脫的傻大姐，王總那裡會看得上，瞧得起，信得過呢！

可是他們錯了，最終王先生和那個「傻」大姐老闆坐到了簽約台前。

後來有人問王先生為什麼會用「傻」大姐的材料。王先生狡黠地一笑說：「用她的材料，我放心！一看她那傻呵呵的作風就知道她胸無城府，我覺得她不會騙我。不修辭藻表明她的社會閱歷沒有我豐富，我容易控制合作進程中的事態；不託關係，不走後門，證明她實實在在不狡猾，不會和我的員工狼狽為奸欺瞞我做私下交易。」在場的人無不拍案叫絕！

可是王先生那裡知道，在簽訂完採購合同的當晚，那個「傻大姐老闆」在員工的簇擁下開了慶功宴。副總經理咬著耳朵，對她說了一句話：「老總，我祝賀妳扮豬吃虎擠掉競爭對手，裝傻拿下了大客戶。」

「傻大姐」老闆哈哈一笑道：「聰明人和聰明人打交道，人人自衛，尤其像王先生那樣的老江湖，就更多疑。我是主動裝傻一點，不讓他跟我談生意時心懷戒備。這樣，我單憑咱們的產品就可以說服他了……妳成功了，沒有人會因為妳的「傻」而輕視妳的存在。我這也算是『大智若愚』吧！」

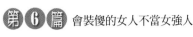

在商圈裡，人人都很聰明，人人都想占別人的上風，一些喪失商業道德的事情也時有發生。於是人人自危，防禦心理不斷加深。在這種情況下，要想不輸給競爭對手，爭取客戶的認同，就不妨利用人們的防衛心理，反其道而行之，自貶個人形象，裝得「傻」一點，來個「扮豬吃虎」。當然，裝傻的前提是產品品質要過硬，最起碼不能輸給同行。

女人花男人的錢是享受愛情的甜蜜

女人不花男人的錢，男人不一定就開心。一個真正聰明的女人，應當懂得在金錢與愛情兩方面的左右平衡。愛一個男人，就不要把彼此的錢分得那麼清楚。傻一點，該花的時候，堂而皇之地花這個男人的錢。只有這樣的愛，才來得實惠，來得愜意，來得安全。

拜現代教育所賜，愈來愈多的女人開始自己賺錢買花戴了。問題是，這或許只是一種事實，並無多大快樂。

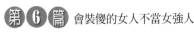

張曼玉曾在接受媒體採訪時說：「我從十八歲開始就自己賺錢了，我從來不需要用男人的錢，我都是花自己的錢。因為覺得那麼辛苦賺錢，就不想浪費自己的辛苦錢，如果要因為賺錢而去工作，這樣會很不開心。」

近代上海女作家蘇青在授受記者採訪時，同樣感慨：「我從來不花男人錢，哪怕連生活中的一顆小鐵釘，都是自己掏錢買的。」雖然話勢逼人，但卻能夠聽得出些許傷感。

不花男人的錢，固然是好，至少證明了自己可以在經濟上的獨立。而經濟上的獨立起碼可以保證自己精神、人格上的獨立，不用看人家臉色，不用依靠任何人。

但活了大半輩子，居然從未花過男人一分錢，這能說明自己什麼呢？能幹？獨立？維護自尊？可是，在這個世界上，居然從來沒有一個妳願意花他錢的男人，或者居然沒有一個願意為妳花錢的男人，不可悲嗎？

雖然，金錢與愛情不能混為一談。但在愛情當中，要想考驗男人是否足夠愛妳，就要看他是否捨得為妳花錢。而女人，花自己心愛男人的錢，又有何不可？這說明我們之間的關係已不分彼此，我們的愛情更甚於金錢。

張愛玲是個自命清高的女人，也是一個經濟獨立的典型的現代職業女性，她從來沒有想過要花男人的錢。可是，當她收到胡蘭成送給她的第一套昂貴禮服時，同樣歡喜得心花怒放。

女人花自己心愛的男人的錢，並不是覺得找到了一個可以養自己的人，在更大的程度上，是希望可以享受兩人之間的甜蜜愛情。女人，就是這麼傻。

其實，真正的好男人，往往都很願意為自己心愛的女人花錢，因為那是他的一份快樂。在他眼裡，女人在花他的錢的時候，顯得最可愛，就像是怒放的花朵，分外嬌豔。男人為此感到滿足，感到自豪，感到自己的價值，感到自己賺錢的意義。

看著心愛的女人花錢（當然是能力範圍之內），男人心裡痛快；花心愛的男人的錢，女人心裡高興。男人透過給女人錢花去愛護女人；女人透過花男人的錢來肯定男人。

靈達是三家連鎖霜淇淋店的老闆，相當的有錢，而她老公也就是年薪七十萬。但靈達卻跟朋友說，她抓住她老公之心的最絕密武器是：在他面前哭窮！簡直難以讓人置信！

「妳還哭窮？他信嗎？」

「信！哪裡有不信的！」靈達如是說，「我每次哭窮時，都是要真的哭！眼淚一來，錢也就來了。上次他加薪，我一哭一訴，他馬上就把加薪的那五千塊給我了，爽得很！」

不管是靈達爽，他老公爽，還是他們一起覺得爽，他們那個婚姻都一定是「西線無戰事」。十年下來，他們夫妻陣營固若金湯，百邪不侵！

女人是鮮花，男人要澆水，不僅僅要用情愛，還要用物質。

男人和女人都明白，這是一個物質社會，情愛往往也要透過物質來體現。這正像歐·亨利小說裡一對貧困的男女主人公，一個賣掉金錶，一個剪去一頭長髮，然後賣錢換來禮物獻給對方一樣。

用物質體現的情愛也十分動人。錢，可以避免他們的情愛成為空中樓閣，可以讓他們的情愛更加水乳交融，實實在在。男人賺錢給女人花，順理成章；女人花男人的錢，天經地義！

當然，女人花男人的錢，也要看是什麼人。不是喜歡的男人，花他的錢，只會讓妳覺得愧疚。

妳又不喜歡他，花他錢做什麼？難道等著他哪天要妳以身相許得以償還？這不是給自己找罪受嗎？當然不幹。

女人要花，就花自己心愛的男人的錢，只有這樣的錢，才讓女人花得開心、愜意。

女人再強也要懂得在男人面前甘居下風

女人強過男人，是一種幸運，也是一種不幸。幸運的是作為女人能夠發揮自己的才能，擁有美好的事業；不幸是因為做女人太過能幹，與男人相處容易出現問題。真正的女強人應該是愛情事業兩手抓的。只是事業有成，而不善於經營感情的女人，是不會幸福的。

中國幾千年的傳統是男人出去打天下，女人在家中相夫教子。但是當女人在外面有一份獨立的事業，而且她的成就比男人大的時候，這種傳統的家庭模式就可能發生錯位。

男人說，當女人強過自己的時候，就彷彿回到了母系社會。但並不是說男人就一定不喜歡女人強，他們只是不喜歡女人強得太過張揚，大多數男人都不願意和一個鋒芒畢露的女人交往。所以在男人面前，女人最好收斂一點，千萬別把對待工作的幹勁搬到愛情上來，那樣會把男人嚇跑的。

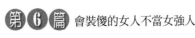

我們在生活中經常看到這樣的鏡頭：一對夫妻到一家餐館去用餐，太太問先生：妳要吃什麼？先生說，我要吃咖喱牛肉飯。太太馬上說，妳要吃什麼咖喱牛肉飯，吃那個對妳不好，又沒有營養。連先生自己吃什麼的權利都被剝奪了，這位太太多半是一位「女強人」。

女上司通常比男上司更容易遭到下屬的不良評價。因為一般說來，人們還很難接受女人太嚴厲的形象。

鐘女士在一家大型企業任高級主管，她在工作中雷厲風行，果斷行事。於是，養成了一個習慣，就是愛發號施令。這種習慣自覺不自覺地就帶到了家裡。家裡有什麼事，鐘女士總是先發表觀點，先生要是不同意，她就一直到說服先生同意為止。慢慢地，鐘女士發現，先生不愛說話了，他們的關係也很緊張。鐘女士意識到了這一點，於是開始努力調整自己。在家裡，她時時刻刻提醒自己，先生是第一位的，我是第二位的。她盡量不當家管事，什麼事都由先生做主，工作上的事也向先生請教。這麼一來，先生對她的看法也漸漸轉變了。

感情是兩個人的事，如何平衡家庭內部衝突非常重要，處理得好，則皆大歡喜。

美容連鎖店的老闆夏青對此就頗有招數：每當全家外出的時候，儘管用的是她的車，儘管她的開車技術是一流的，但她絕對不去搶那個方向盤。

朋友不解地問：「幹嘛要這樣委屈自己？」夏青指著馬路上來來往往川流不息的車龍，說，「妳看一家人出去，只要看看誰在開車，就知道這家是誰在做主！妳發現沒有，在我們周圍，離婚的這幾家，都是老公一邊坐，老婆在開車呢！」

真是一語驚人！原來，處理工作與愛情的關係很簡單，就在於妳能否及時轉換自己的角色。上班的時候當個「女強人」，和男人一樣雷厲風行地工作；下班後則變得小鳥依人，在家裡甘居下風。

女人再怎麼富麗堂皇都要有愛情做底色。所以，如果妳是女強人的話，妳只要在工作上強就行了。在生活中，不要時時擺出一副高人一等的模樣。否則，事業蒸蒸日上之時，愛情將悄然離妳遠去。

事業和愛情，是可以齊頭並進、雙管齊下的。有了一份成功的事業，再加上一個幸福美滿的家庭，妳的人生一定絢麗多彩！

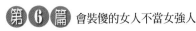

傻傻地欣賞男人他會更愛妳

男人敢愛比自己強的女人，他本身其實也不弱。他欣賞妳的強，所以，妳應該以同樣的欣賞回報他。有些男人可以容忍女人比他強，但是他受不了女人不欣賞他。怕就怕，一些女人一旦強過男人就變得不可一世了。

有些女強人不受男人歡迎，給男人帶來困惑的原因是什麼呢？有一個曾和女強人交往過的男人說：「只要想起她那副樣子，我就懷疑我自己是不是低能兒！」也有男人感嘆：「她常以鑽石王老五的標準來要求我，其實我覺得這樣生活已經很好，為什麼要改變呢？」

每個女人當初對自己的婚姻都曾有過美好的想像，而實際上，隨著時間的推移，她就會覺得站在她身邊的這個男人離想像中的愈來愈遠了。因為熟悉，所以她不但忽略了他的優秀，還會發現他身上有著這樣那樣的缺點。於是，女人不禁開始懷疑自己當初的選擇是否是正確的。這個時候，就需要女人多點包容，在包容的同時欣賞他的優點，發現他的閃光點。

愛情也許並不像想像的那樣完美，男人也肯定不如想像中的那麼高大。但是，妳要試著以一顆平常心去欣賞他。他不是這世間最完美的，甚至在妳那麼愛他的時候，妳都清楚地知道這個事實。但妳還是那麼地愛他，因為妳愛的不只是他美好的一面，妳對他的愛戀已經超越了這些表面的東西，也超愈了世俗。妳愛的是他整個的人，是他的獨一無二的內心。聰明的女人應該知道不能對男人太苛刻，傻傻地欣賞男人，男人就會顯得可愛很多。

女人不僅要弄清楚自己為什麼愛他，還要讓男人知道妳愛他的理由，也就是他的優點所在。這不僅能給男人信心，也是妳們和諧相處的很重要的平衡點。相互賞識是維持愛情長青的最可靠的法寶。女人學會欣賞男人，男人會更愛妳。

其實，女人的心底還是希望自己的男人強一些。因為再強大的女人也有脆弱的時候，而這時候只有一個強大的男人能給她安全感。

妳想讓妳的男人變得更優秀嗎？如果想，那好，從今天開始，妳就要學會去挖掘他的優點。人的優點有些是天生具有的，有些是後天塑造的。他也許並不是能力不行，只是缺少一個機會罷了。所以，妳給他什麼，都不如給他一個上進的機會重要。既然妳們相愛，就一定要齊頭並進。激勵和扶持男人，是中國女人的傳統美德。

當一個女人愛上一個男人的時候，或許已經注定了要付出和承受太多的苦與痛，哪怕是明明知道付出也沒有收穫，還是會義無反顧無怨無悔。

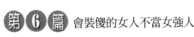

真愛的內涵和本質，不是花前月下的卿卿我我，也不是莽撞少年的纏綿與誓言，而是彼此會心的一笑就可以觸摸到對方的心靈。

愛情的美麗和可貴，不是誓言的多少和承諾的天荒地老，而是相互的欣賞和理解。往往有時候，一句話或者一個眼神都蘊涵著無私的真愛。

有人說，一個男人要有三個女人，一個是林徽音，懂徐志摩的詩和心；一個是張幼儀，能像母親那樣照顧徐志摩；還要有一個陸小曼，來滿足他的狂情愛欲。

一個女人也要有三個男人，一個帶著她看夕陽數星星，專門做一些風花雪月的事；另一個如父親般的做她經濟上的依靠，並且寵愛著她；還有一個則是能夠不斷刺激她成長的老師。不過有些女人也許貪心些，她還要一個完全歸自己統管的男人。

一個妻子不可能同時是林徽音、張幼儀和陸小曼，一個丈夫當然也不可能集情人、父親和人生導師於一身。所以，我們只能忠實的做著自己，然後祈求遇見一個可以一起去旅行，也可以讓對方獨自去旅行的伴侶。

人很少因愛情而改變，卻常因愛情而看不見。是的，在男人疼愛女人時，女人也要懂得去包容男人，並且學?觧h欣賞、少挑剔；多感恩、少責備，這樣才能使相愛的人能相守到永遠！

女人漫長的一生會遇到許多優秀的男人，他們如四季風景般變幻著動人的景致。妳的愛人雖然是妳心目中的上品男人，但也許妳的周圍像他一樣優秀，甚至比他更優秀的男人還有很多。

可是在妳眼中，他便是這座城市、這個世界中最優秀的男人。妳欣賞他，讚揚他，鼓勵他，讓他每天帶著愉快的心情去實現他的抱負，又以期盼的心情同妳一起回到妳們愛的巢穴。

傻傻地欣賞男人，是一種多麼美好的情懷！女人如果能永遠保持欣賞男人的美好情懷，尤其是自己的丈夫，那麼自己一定會更加年輕美麗，也會得到意想不到的幸福。

女人內心要堅強；外表要柔弱

男人天生有英雄情結，不管多麼懦弱的男人，都希望在女人面前充滿力量，以滿足自己天生的保護欲。所以聰明的女人妳要知道什麼時候裝一下傻，即便男人給妳的是小小的驚喜，妳也要滿心歡喜地拍拍小手表示妳的歡心。

女人如果太弱，裡裡外外都弱，就會被男人瞧不起。說不定還會找個第三者來，與那個第三者聯手，回過頭來理直氣壯地狠狠踩妳一腳。但是，如果妳表裡一致的強，像個母夜叉一樣，老公絕對怕死了妳。但，誰願意與一個母夜叉朝夕相處？一有機會，他肯定會溜到別人的溫柔鄉裡去。

女人「對付」男人，最需要的就是「表裡不一」，外柔內剛，外弱內強。

內強是指心理上的獨立，事業上的進取，品性上的忠誠。一句話，即便明天沒有了老公，自己一個人照樣有飯吃！

女人，首先要愛自己，尊重自己，才會贏得別人的尊重。經常看到有人說：「我為他付出了一切，什麼都替他想到了，怎麼他還是不滿足？」那是因為妳把自己放在他腳下了，他不踩妳都不行啊。愛是相互的，要想讓愛和諧恒久，就要學會尊重自己，不要縱容他一次一次漠視妳、傷害妳。

對男人，小事情上面多包容，睜一隻眼閉一隻眼，會讓他覺得家還是比較舒適安逸的。如果太苛求完美，男人慢慢地就會滋生出外邊比家裡好的感覺。如果到了「外邊的女人比家裡的女人好」的境界，那家庭就風雨飄搖了。女人，妳是願意面對一個有很多缺點，但還愛妳的老公，還是一個身在曹營心在漢的男人呢？

但是，在大事上，一定不能相讓。讓了第一次，下一次就更難堅持了。所謂大事，比如家庭暴力，比如贍養父母問題上無原則地傾斜，比如在忠誠度上犯錯等等。很多女人都是一開始沒有處理好，導致後來想來硬的時候，老公不能接受，反而覺得這個女人突然變得不可理喻。所以，妳第一次就要堅持原則，堅持說「不」。有些新婚女人一開始好面子，覺得撕破臉不好，其實一開始給男人點厲害，他反而會尊重妳。

外弱的意思是，需要向男人灑眼淚的時候，就得有眼淚；需要給男人拿鞋的時候，就要去拿鞋；需要討好男人時候，就要捨得用花言巧語。再能幹的女人也會有慌亂和迷惘的時候。心理承受能力再強的女人，如果不懂得宣洩，也會有崩潰的那一天。

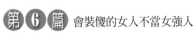

不是有這樣的有報導嗎？說是女強人嚇跑了老公，女博士成了老處女，精明幹練的女人嫁不出去。

男人是容不得女人比自己強的，那樣，他們的臉面，他們的尊嚴就沒法表現了。男人喜歡做女人的主心骨，做家裡的頂樑柱；喜歡女人小鳥依人，什麼事情都問一下他們的意見。聰明的女人懂得給男人一個做男子漢的機會，不時地向老公彙報家裡一些困難。比如燈泡壞了、馬桶堵了、水籠頭漏水了、和孩子吵架了等等，做一個依靠在男人臂彎裡享受幸福的小女人。

有男人反映，他非常喜歡女朋友撒嬌，可是他的強女友卻習慣以發號施令的口氣和他說話。比如同樣是倒一杯水，她可能會頭都不抬地說：「給我倒杯水！」

但懂得示弱的女人就不大一樣了。哪怕是睡到半夜，被女人推醒，只要女人楚楚可憐地對他說：「老公，我想喝水。」男人一定乖乖地去倒水，還會問一聲「要不要加冰」。男人受用的就是女人的這份需要感。雖然只是倒一杯水，但那感覺和做一回英雄沒什麼區別。

男人天生有英雄情結，不管多麼懦弱的男人，都希望在女人面前充滿力量，以滿足自己天生的保護欲。所以聰明的女人妳要知道什麼時候裝一下傻，即便男人給妳的是小小驚喜，妳也要滿心歡喜地拍拍小手表示妳的歡心。

女人就是女人，愈強就愈要學到這些招數。做一個真正聰明的女人，內心愈強，愈要裝傻，使妳的外表看起來再弱些。讓妳的男人從遠處看妳的時候，妳是鎮山的母老虎，讓他絕對不敢輕易在外為非作歹；而從近處看妳時，妳則是隻溫柔的小花貓，比誰都需要他的保護，看他還忍心往外跑？

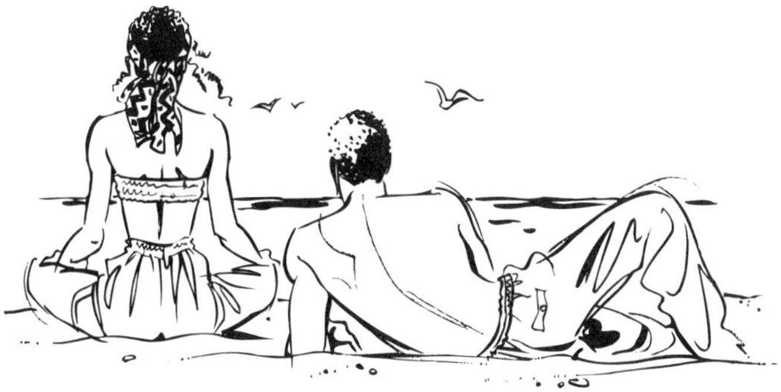

裝傻示弱能讓女人活得更輕鬆

絕大多數的男人認為，女人天生就該比男人弱。而很多女人，經世事磨難、歲月蹉跎，也認為自己不如男人。所以，倘若哪個女人敢和男人比較能耐，公然和男人叫板，那這個她一定會被當成世界上最笨的女人。

「女強人」天生勞碌，天天在職場上忙忙碌碌，辛辛苦苦，卻不一定能得到上司的好印象。處世不好的，還要忍受同事在背後說三道四。下班後，匆匆往家趕，又要接孩子，又要買菜燒飯。吃完飯，做丈夫的，蹺著二郎腿，看報紙、看電視。而女人卻又是收拾碗筷、又是洗衣服。老公那邊卻還悠悠飄來一句：「女人呀，那麼好勝幹嘛，自作自受！」但女強人還是要一人默默忍受著這雙重的艱辛，這就是女強人的頑強，也是女強人的悲哀。

女人，要強的時候一定要強，而應該表示出脆弱的時候一定也不能強撐。其實示弱有什麼大不了的呢？只要妳不笨，都應該知道女人是水做的意味著什麼。沒有幾個男人喜歡那種風格強硬的女人，妳的適時軟弱正好滿足了男人呵護妳的願望，給了他表現的機會。在男人面前，無論妳多能幹都要不時地問問他的看法，並徵求他的意見，妳會驚喜地看見那樣做的效果。

雨佳自己在外面辦了一個攝影工作室。雖然她對攝影很有研究，但對經營卻很不在行，工作室一直都沒能打開局面。可她很要強，就是一個人咬牙挺著，也不肯向在攝影界同室操戈的丈夫流露出一點點的為難之情。旁觀者清的丈夫，懾於她的「淫威」也不敢言語。她自己也還要整天裝出一副胸有成竹的樣子來，指手畫腳的，到了晚上卻輾轉反側睡不著覺。

有一天，手下提出辭職了，雨佳終於沉不住氣了，但還故意擺出一副漫不經心的樣子對老公說：「員工提出要辭職了，你有什麼好的辦法嗎？」

老公看了看她，心裡覺得好笑，然後就給她傳授了幾招。經過老公的點撥，雨佳當即茅塞頓開。自從採納了老公的意見，工作室很快就有新的轉機了。

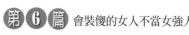

老公就此也教育雨佳，有什麼問題對老公說，有什麼好為難的呢！雨佳也領悟到了，再要強的女人也要示弱。從那以後，雨佳一遇到困難就會向老公求助，裝裝可憐相。和老公裝裝可憐相又有什麼關係呢，老公又不是別人。嘗到甜頭以後，雨佳遇到什麼事都不再一個人扛著了，覺得輕鬆了不少！

女人虛榮，但要分對什麼事對什麼人。什麼事情都自己扛，誰都支撐不久。三個臭皮匠還頂個諸葛亮呢，和老公訴苦，示弱又有什麼大不了的啊！老公不但不會笑話妳，還會赴湯蹈火地幫助妳。

女人裝傻在工作單位上，也是深得男人喜歡的。試想哪個男同事願意身邊有個比自己聰明的女同事？讓女人比下去，是男人的大恥。他們會憤憤然，捶胸頓足，大斥老天爺不公，為什麼竟會讓如此強悍的女人存活於世，置天下男人顏面於何處？說不定，某些男人還會有意無意的給妳製造一些小麻煩，讓妳有苦說不出來。女人懂得裝傻，男人就會給妳幫助，以顯大男人氣魄。

職場永遠是男人的戰場。做個職場的傻女人，心無它想，沉穩做事，職場紛爭不捲入、不參與，少讓老闆頭疼一分，妳的位置便會穩定一分。

周小姐是一名白領，平時待人處事十分得體。但當別人找她瞭解一些事情時，她總是謙虛地反問對方：「那妳是怎麼看的？」然後，她還會對別人的答案大加讚美。她這麼做不但使別人有一種被尊重、被關注的感受，還反過來發掘了別人的資源。像這樣的裝傻，其實是非常聰明和含而不露的表現。

中國傳統文化往往推崇「老實人」，認為這樣的人可靠，不會對自己耍心眼，於是願意和這樣的人交往。周小姐裝傻，也是透過表現得老實來贏得別人的信任，使別人對自己不設防，從而有利於工作和生活順利發展。

俗話說，出頭椽子先爛。在單位，每個人各管一攤業務。要把妳的聰明勁用在自己的業務上，上司問妳的時候不要答不上來。但當上司與別的同事交流時千萬不要插話，顯示妳的精明。那樣，會造成同事反感，弄得沒人緣。時間長了，同事會孤立妳。有些時候，也不能在上司面前盡顯妳的過人之處，好像比上司還高出一籌，上司也會對妳反感。三國時楊修為什麼被曹操殺了，不就是因為他太聰明了嗎？

「花要半開，酒要半醉。」作為一個女人，尤其是一個有才華的女人。要做到不露鋒芒，既有效地保護自我，又能充分發揮自己的才華。不僅要說服、戰勝盲目驕傲自大的病態心理，凡事不要太張狂太咄咄逼人，更要養成謙虛讓人的美德。

所以，無論妳有怎樣出眾的才智，都一定要謹記：不要把自己看得太了不起，還是收斂起鋒芒，讓自己傻一點吧！偶爾做了一件聰明事，提醒了男人或者給了他一個小建議，也別忘再補充一句：「妳那麼聰明，我不說妳也知道的。」這樣，妳就是天底下最可愛的女人了。

聰明的女人還是立志做個傻女人吧，讓自己少一點壓力，少一點辛苦，多一份悠閒，多一份快樂吧！

聰明女人不讓男人知道她聰明

在與男人相處時處處將自己的聰明展露無遺，並不是一件好事。聰明太過形之於外，流露出一種驕傲或是壓迫感，只會讓男人感到受威脅，缺乏安全感。這樣的女人再漂亮多情，也只會讓男人敬而遠之。如此一來，聰明反誤了終身。

男人的另一半是女人，或者是說，女人的另一半是男人。這就決定，再強的女人如果沒有幸福的婚姻也是不完整的。男人和女人本來就不能分割開來，他們本來就是一個整體，不能對立。大呼女權，其實並不一定能夠解決男女不平等的問題。我們還是應該立足於男女的和諧和平。

男人成功的標誌是有自己的事業，女人最大的成功是成為一個成功男人的夫人。這是一個人才兩得的雙贏局面，其成功係數絕對比創立一番事業要大得多！男人活得猖狂，女人活得謙遜，但卻並不卑微。女人最大的成就並不僅僅是位高權重，而且是謙卑並且隱藏地把握住一個成功男人。很多人把後者看得更重要。

男人不喜歡女人有太深的內心，他們寧可女人哭一哭、鬧一鬧，只要這些伎倆在他們的掌控之中。他們希望女人清淺如小溪，希望女人永遠長髮長長、見識短短，把心思都花於美容瘦身。

有位方太太，年過五十，仍嬌滴滴的，像個小女孩。她整天黏著丈夫，老公長、老公短，深得丈夫的寵愛。

她丈夫被派外地出差，她常嘆氣：「家裡沒男人不行啊！」有一天下班回家，忘了帶鑰匙，被反鎖在門外。方太太十萬火急打電話給老公求救。知道的人不禁大笑：「她老公遠在千里之外，能怎麼辦？打電話叫鎖匠開門還快一點。」

方太太的丈夫卻十分有耐心，再三安慰，教她不妨麻煩還待在家裡的兒子開門。聽說的人更是傻了眼，原來叫兒子這麼容易，還得遠在外地的老公提醒，總算長了見識。

事後，方太太還一直抱怨丈夫：「家裡出事了都沒打電話回來關心。」原來，這也算「家裡出事了」，讓人不得不佩服！

而方太太卻一直認為她的態度最為正確，一再強調：「女人要裝傻讓男人來疼，女人太能幹就沒人疼了。」也許，這就是方太太的丈夫對她幾十年疼愛如初的原因吧。據說，這是方太太從她媽媽那裡總結得來的。她媽媽就是因為太強悍了，以致夫妻失和。

男人好強，與生俱來就有一股優越感，這是不爭的事實。簡單的男人害怕心機複雜的女人，即使再聰明的男人也忌諱太聰明的女人。他們希望自己是一個睿智的決策者、一個頑強的鬥士。

男人沒了自信，脾氣就容易變壞。男人自信心愈少，就愈愛沖女人撒氣。做女人第一條，就是讓自己的男人在某些方面優越於妳。在性格上，男人是要做孔雀的。忽然有一天妳的事業成績比他好，學問比他強，受人注目比他多。那時候，男人不向女人挑剔這挑剔那的人少。那些太強的女人，表面上，似是得到了眼前的勝利，卻輸了長遠的幸福。

自古以來，男人強壯，女人溫柔，這已是不成文的社會價值觀了。女人溫柔是事實可也不全是事實。事實證明，女人的心理及生理承受能力皆比男人強。女人們安於溫柔，只是因為被其他人、男人、歷史及傳統所說服。是的，也許世界上最難以實現的理想就是反傳統地締造另一個傳統。女人鬥不過傳統，所以女人安於溫柔，並且還會繼續溫柔，因為女人知道「男人理應壯碩，女人理應陰溫柔。」男人，就喜歡女人的「柔」。

很多女人，小時候或是春風得意時，總喜歡與男人一爭長短。其實她們並不全出於挑戰傳統，卻是更多地想要去證明女人並不是弱者。換句話說，女人並不想改變以男性為主的傳統，她只是需要被肯定。

每個人都是一名演員，沒有劇本，故事就因應心情與思想的改變而展開，並且不斷更新。真正聰明的女人會默默地照「本子」辦事，完美地飾演一個執行者、弱者，甚至必要時客串一回母親。這些角色在她們演來都像是量身為她們訂造似的，全無瑕疵。

是的，聰明的女人，說是聰明，卻又不聰明。也許她們極能洞察人性，也許跟她們聊天會是一種享受。但是，真正聰明、有才幹的男人卻甚少選擇這樣的女人為伴侶。因為，婚姻就是一個磨合的過程。聰明的女人，男人在結婚前因為喜愛妳的冰雪聰明，而追求狂熱。但結婚後，男人又顧忌妳的聰明讓他無處遁形。

所以，對於那些成功男人身後總有一個溫柔、賢淑、寡言的女人這個事實，我們也不奇怪了。對於那些表面聰明的女人總委身於那些亞成功男人，我們也更加不奇怪了。

女人，一定不能讓男人知道她聰明。女人選男人則最好要選表面聰明、別人也知道他聰明的男人。

裝傻是人情操縱的一流「功夫」

裝醉打拳乃格鬥上乘技法，裝瘋賣傻是人情操縱的一流功夫。那些能夠使他人「買」下自己傻氣的女人，堪稱人生中「最偉大的推銷員」。她們的成功自古至今皆無例外。

裝傻實在是一種不可缺少的能力。在請教別人的時候；在不想引起爭吵的時候；在和人第一次見面的時候；甚至是每一次見面的時候。想明白的事情又要裝的想不明白，然後還對著別人傻笑，表示妳根本不知道居然有這麼回事。我們多麼的需要愚蠢啊！有人感嘆生活太複雜，人又太複雜。其實和人溝通、相處不難。只要學會了裝傻，就走遍天下都不怕了！

剛參加工作的年輕人，總會有人善意地提醒：「工作中遇到不懂的問題，有什麼不懂的應該先問私交好的朋友。哪怕不懂裝懂也不能讓同事知道。不然，會被人當成傻子。」

但事實上，最有殺傷力的就是傻子。試想一下，當公司新招來的同事跑去對妳說：「不好意思，我對這個行業不太熟，以後希望能向妳多請教。」這樣的話，是否能夠滿足妳的部分虛榮心？這種傻瓜行為是否贏得了妳的好感？

「我對這個行業不熟」之類的話，按道理雖然是犯了職場大忌——把自己的弱點暴露給別人看。但是，在人人都把自己包裝成「精英」的時候，一個公然聲稱，對所就職的行業「不熟」的傻子就變得異常可愛起來。

換一個角度看，其實這個人一點也不傻。想想就該知道，敢於承認對本行業不熟，卻又對自己勝任工作的能力毫無怯意，需要多麼大的勇氣和自信。

而有些人的勇氣和自信卻是要不得的。丁冬是一位管技術的部門經理。他在上任的第一個月，就向公司中國區的 CEO 指出，他感到公司內部技術部門的管理不太合理，但是「請放心，讓我來搞定」。半年內，經過多次和歐洲總部更大的老闆之間不斷地爭吵、溝通之後，他竟然真的搞定了。可是，從此後，CEO 常把一堆苦差事扔給他，並且拒絕提供任何資源協助。丁冬頓時覺自己犯了傻。犯傻的原因是當初太逞強，沒有裝傻。一時的聰明讓自己成了地道的傻瓜。

這樣的「聰明戲」如今還在各個辦公室裡一場接一場地演繹著。也許，直到因為太聰明而犯了傻的時候，才能意識到：原來坐在隔壁那個唯唯諾諾的傻瓜，當初比自己還要聰明。

鋒芒太露易遭嫉恨，更容易樹敵。功高震主不知給多少下屬臣子招致殺身之禍。與人交往最重要的技巧就是適時「裝傻」：不露自己的高明，更不能隨便糾正對方的錯誤。

不過，妳也不能真傻得像個孩子一樣，誰讓幹啥就幹啥，所有人都是妳的老闆，和妳一起入行的新員工妳也可以馬首是瞻，有令必行。

大家一定聽說過「醉拳」。這是武術中一種高難度拳術，所向披靡。而醉拳之厲害，就在於一個「裝醉」。表面上看來跌跌撞撞，偏偏倒倒，踉踉蹌蹌，不堪一推，而其實呢，醉醺醺之中卻殺機暗藏，就在妳麻痺大意之時，卻挨上了「醉鬼」的狠招。

真醉和裝醉是完全不同的兩種情況，愚者和裝愚者是截然相異的兩種人。玩「醉拳」的，是「形醉而神不醉」。「醉」是「醉」在「虛」處，是迷惑對手。而「拳」卻擊在「實」處，招招乃致命撒手。裝傻的人，是「外傻而內不傻」。「傻」在皮毛小事上，不涉主旨，無關大局；而「聰明」是在節骨眼上，事關一生命運。

裝傻可以為人遮羞，自找台階；可以故作不知達成幽默，反唇相譏；可以假癡不癲迷惑對方。只要妳懂得裝傻，妳就並非傻瓜，而是大智若愚。妳必須有好演技，才能「傻」得可愛，「瘋」得恰到好處。誰不識其中真相誰就會被愚弄；誰能不領會大智若愚之神韻，誰就是真正的傻瓜、笨蛋。

還有些人的裝傻是為了攻擊別人。比如，他做了什麼不符合公司利益的事，又不想讓公司知道。於是，別人一問就裝傻說不知道。這種裝傻，其實就是狡猾了，也會給別人留下不好的印象。

小測試

妳是一個含蓄的女人嗎？

不論在工作、家庭，還是生活中，都會有這樣那樣的不如意。當妳不順心時，妳會保持沉默，聽之任之，還是會勃然大怒？做一做下面的測試，看看妳的反應，評測一下自己是不是一個含蓄內斂的女人：

一．在一次舞會上，妳受到一位眾人追捧的鑽石王老五的熱情邀請：

A．妳沒有告訴他妳的真實姓名，並且悄悄地把衣領又拉高了一些。

B．妳因為被他選中而興奮地大聲喊了出來。

C．妳告訴他妳的腳不小心扭壞了，並強烈推薦妳的女伴與他共舞。

二．在一次派對上，因為興奮妳多喝了幾杯：

A．妳趕緊喝下幾杯茶水平緩情緒，保持儀態。

B．妳開始手舞足蹈，整個派對變成了妳的個人秀。

C．妳很享受這份微醉的感覺，靜靜地坐在一邊為別人的表演喝彩。

三．丈夫外出公幹，卻遲遲沒有打來電話：

A．妳傷心地放聲大哭。

B．妳打電話過去大聲質問。

C．妳知道他肯定有很重要的事要處理，下了班後自顧自地逛街，看電影。

四．好友到妳家作客，她的孩子不小心打破了妳最喜歡的香水瓶：

A．妳一言不發地收拾掉打碎的玻璃。

B．妳滿臉懊惱的表情，一邊喝著她帶來的葡萄酒，一邊抱怨怎麼這麼澀。

C．妳一點都不覺得難過，因為妳又可以再買一瓶妳最新看中的香水了。

五．辦公室裡的同事們整個上午都在大聲喧嘩：

A．妳一言不發地跑到走廊上來回踱步。

B．妳發出一聲厭惡的低吼。

C．妳覺得這沒什麼，妳早就習慣了。

六．公司茶水間裡的咖啡機吞了妳的硬幣，卻沒倒出一滴咖啡：

A．妳自認倒楣，放棄努力，去樓下買咖啡。

B．妳連打帶踹，向咖啡機施加暴力。

C·妳按下取消鍵，很平靜地告訴身後的人咖啡機壞了。

七·妳和朋友一起去熱帶地區旅遊，但臨行前卻忘了注射瘧疾疫苗：

A·妳臨時向當地居民學習滅蚊術。

B·妳忙不迭地給當地旅行社打電話訂票，希望儘早離開。

C·妳仍然毫無顧忌地到處遊覽，就連睡覺都不拉上蚊帳。

八·妳坐到電視機前準備欣賞妳一直想看的電影，但妳的丈夫已經捷足先登，正把腿翹在茶几上，優哉優哉地看足球比賽：

A·妳只好無可奈何地回到房間做面膜。

B·妳狠狠地走過去，關上電視。

C·妳第二天就從他的皮夾裡拿錢去買了這部電影的DVD。

九·妳週末開車去購物，卻碰上了前所未有的大塞車：

A·妳把頭靠在方向盤上邊等待邊休息。

B·妳氣得拚命按喇叭。

C·妳坐在車裡，想起了妳和丈夫上一次遇上堵車時在車裡接吻的浪漫情景。

十·計程車上的司機是個國劇迷，來回地播放國劇選段，並拒絕換台。而妳恰恰是最不喜歡戲曲的：

A．妳開始打電話給妳的朋友們，以分散注意力。
B．妳不耐煩地讓他停車，不由分說地下車走人。
C．妳耐著性子聽下去，覺得國劇也並不如妳原本想像中那麼難聽。

測試結果

如果妳的答案中A最多：

妳是一個內在型的女人，喜怒哀樂都深埋於內心。從表面上看，非常含蓄內斂。別人會認為妳不是服用了過多鎮定劑，就是天生對一切都漠不關心。而事實並非如此。在妳平靜得表面背後，內心常會有很大的波動與起伏。由於妳一向善於掩飾，因此別人很難察覺。不過小心，千萬別在心裡積聚太多的情緒，應該留一個小小的出口，讓自己在適當的時候得到緩解和發洩。否則，積鬱一旦爆發，其殺傷力將不可想像。

如果妳的答案中B最多：

妳是個大喜大悲的性情中人，敏感而衝動，幾乎沒有任何自控能力。妳所有的情緒都寫在臉上，一張寄錯了的電話帳單或是別人不小心碰翻妳的一杯水都會讓妳氣血上湧。然而這種熱血沸騰的情緒很快就會冷卻，事後妳總是會感到後悔莫及，但往往為時已晚。在還沒有鑄成大錯之前，妳必須學會冷靜。多做幾次深呼吸，保持頭腦放鬆，讓血氣下行。妳的率真耿直一直給人不錯的印象，千萬別因為衝動魯莽而讓自己在別人心裡減了分！

如果妳的答案中C最多：

妳是個處變不驚，甚至有些冷漠的女人。就算是在週末的某個輕鬆時刻，一段節奏歡快的西班牙舞曲也無法讓妳興奮起來。更糟糕的是，就算隔壁鄰居的狗已經狂吠了兩個小時，妳還是可以鎮定自若，絲毫不會動怒。事實上，妳並非是個自控力超強的人，妳只是從來不在任何事上放太多的注意力。妳好像可以把所有煩心的事都鎖進一個遠離心靈和耳朵的小盒子裡，不讓自己受到任何干擾。儘管妳不敏感，但也絕不遲鈍，妳照樣會因為一部感人的影片而哭得淚雨梨花，這就是妳可愛的地方。

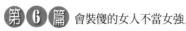

第七篇　別讓裝傻變真傻

——過由不及，把握住裝傻的底線

女人裝傻過猶不及，把握不好裝的度，一不小心，變成了真傻，再想回頭，山高水闊，花上百倍功夫也枉然。也有過了頭的，變成矯揉造作，死得雙倍的淒慘。可以說，會裝傻的女人就像斷臂的維納斯，再添一隻胳膊，便不再是真正意義的美神；就像蒙娜麗莎的微笑，嘴巴稍有變形，要麼讓人想入非非，要麼讓人嗤之以鼻。

不妨在小事上裝裝傻

漢字的「婚」字，拆開來看，就是一個「女」字和「昏」字，這很讓人玩味。假若女人不昏得稀里糊塗，說不定這世上就沒有婚姻了。試試在小事上裝裝傻，說不定妳會愛上這種生活方式，因為這種方式離幸福真的很近。

俗話說得好，傻人有傻福，這話說得一點沒錯。傻女人似乎對什麼事情都不太計較，而且誠實對人。家庭生活中傻女人也不會刻意的要求老公什麼，但是老公對傻老婆一直都呵護有加。很多女人整天活在妳爭我鬥之中，她們為了一點點小事算計不到而愁眉苦臉，到頭來卻並不一定就會得到想要的結果。傻女人始終用自己特有的大度快快樂樂的生活，反而得到了許多東西。

其實傻女人並不是真的多有福氣，而是她們懂得滿足。知道滿足自然就會覺得自己很幸福。

幸福是一種滿足感，傻女人知道什麼時候該滿足，她們對生活有一種非常好的心態。自以為聰明的女人並不聰明，真正聰明的女人該糊塗的時候不糊塗也裝糊塗，該聰明的時候才表現出自己的聰明能幹。漢字的「婚」字，拆開來看，就是一個「女」字和「昏」字，這很讓人玩味。假若女人不昏得稀里糊塗，說不定這世上就沒有婚姻了。

人與人之間都該有自己的一片私人空間。夫妻雖然是最親近的人，但也絕不能親密無間，一定要保持適當的距離。這樣，愛情才能長久保鮮。

周日和女友一起逛街，路上女友滔滔不絕數落著老公的不是：明明他就在歌廳，他的汽車就停歌廳的門外，打電話問他，卻說在單位加班……從老公的包裡翻出給別人代交的話費清單，而且是一個女人的……女友愈說愈氣：「這種日子沒法過了，我要離婚……」也許只是氣話，可細細一想：老公的撒謊和話費清單與婚姻相比哪一個更重要呢？

斤斤計較、鋒芒畢露的女人可能會得到一時的滿足一刻的虛榮，但在她得意的同時也許就已經埋下了隱患，種下了禍根。許多男女之間感情出現問題，關鍵在於女人不知道什麼時候該聰明，什麼時候該裝傻。要知道，女人適當的裝裝傻，會讓男人有種輕鬆的感覺。

在柴米油鹽，雞毛蒜皮的小事上，男人耍耍心眼，女人不妨一笑了之，即使看明白了也不說穿。比如，有的男人喜歡小金庫，背著妻子存點私房錢，自己在和朋友的交往中，用起來比較方便。還有的男人明明在和朋友「比十三張」、打麻將，卻說自己在加班。這樣的事情，女人就沒有必要刨根問底，讓男人為自己的「小聰明」竊喜，滿足他們的自尊心，他就會覺得自己的女人傻得可愛。

任何一個工作出色的男人也不會喜歡一個整日跟蹤盯梢，吵吵鬧鬧的潑婦。男人更喜歡那種能在適當時候「裝傻」的睿智女人。對老公妳不必看他太緊，不必疑神疑鬼。老公就像女人手中的風箏，松一鬆手中的線，他會飛得更高、更遠，適當的緊一緊手中的線，也就是恰當的約束，可松可緊、可長可短，這就要靠女人的聰明智慧來準確把握了，如果不想放棄婚姻，那就不要放棄手中的風箏線。

當然，女人裝傻要有一定的適度，不能什麼事都裝傻，該裝的時候裝，不該裝的時候絕不能含糊。

小茜的男朋友有一段時間突然當著她的面和單位裡其他女同事打情罵俏。起初，她沒在意，因為她相信他的人品，但是男朋友卻愈來愈過分。聰明的小茜馬上反思，覺得很可能是因為自己從來不直接表達對他的感情，才逼得男友出招惹她「吃醋」。於是，她佯裝傷心，抱著男友的胳膊哭了個梨花帶雨。男友看到小茜這麼緊張，馬上招供了自己的「小陰謀」，乖乖承諾以後只做小茜的跟班。

男人是很在乎自己在女人心中的位置的。但現在太多的故事與經歷讓很多女孩對愛情往往有一種隔岸觀火的冷靜，她們習慣了隱忍自己的感覺，快樂的時候是平靜的，悲傷的時候依然是平靜的。這種冷靜讓她們一眼就能洞悉男人在她面前鼓搗出的一些小把戲。

有些女人愛跟男人較真，總是揪住男人說錯的幾句話或者幾個壞習慣不放手，每天吵個不休，讓人猜不透她真正的意思。久之，便會讓人覺得累。而另一種女人卻懂得適當地裝裝傻。她很乖巧，雖然也任性，但要求的是對方能夠做到的事。這就使得男人跟她們在一起輕鬆舒服沒有壓力，這也正是她們能夠在男人心中保持無可替代位置的重要法寶。

不管是戀愛時，還是結婚後，遇事時，寬容一點，大度一點。這種裝傻明裡是傻，有點在愛情裡淪陷的感覺，實則是心底澄明，玉宇澄清的表現。有了對局勢的準確把握，妳才能進退自如，才能將若即若離的張力把握得恰到好處。

男人最怕女人工於心計、過分尖銳。再成熟的男人，在愛人面前也首先是個小孩，既希望自己愛著的女人給他母愛似的寬容和理解，又希望她有一份童心，能跟自己傻傻地、真實地相處——與這種傻女人在一起，男人覺得既安全又溫馨。

世界上的很多事情變幻莫測，有些是我們無法掌握的，與其徒勞無功，不如「修身養性」。其實真正聰明的女人，是能做到不把所有的事都探究得一清二楚的人。因為就算妳天生有一雙火眼金睛，世事洞明，但到頭來受傷的不僅僅是眼睛，還會連累自己的幸福。試試在小事上裝裝傻，說不定妳會愛上這種生活方式，因為這種方式離幸福真的很近。

給對方一次機會，也給自己一次機會

在現實生活中，誰都難免有「走神」的時候，更何況是在誘惑無處不在的今天？在婚姻這種需要一輩子經營的大事上，「一棍子打死」不可取，「姑息養奸」也同樣不明智，但把握住裝傻的底線，我們就能給對方機會，也給自己機會。

有人把女人分成三種類型：一種是真傻，智商、情商都很低，這種女人男人當然不喜歡；第二種是聰明女人，男人在她面前會自慚形穢；第三種是本身聰明，卻經常裝傻，裝糊塗的女人。

男人都有自尊，會裝傻的女人能處處照顧到這一點。男人滿足了自尊，回過頭來就會很疼愛這個女人。男人都容易犯些小錯，會裝傻的女人會以寬容的姿態把大事化小、小事化了，犯錯的男人會對她充滿感激。

茗芳的男友俊賢喜歡海闊天空地神聊。同學聚會，他總是主角，朋友誇他見多識廣，細心的茗芳更時常用贊許的目光望著他。可很多時候，聚會過後，茗芳卻會給俊賢開一些「小處方」。茗芳把自己的建議寫成小紙條，要麼藏在俊賢的衣袋裡，要麼就夾在書裡，婉轉地糾正他的一些說法。俊賢對茗芳當時的裝傻和事後的提醒，很是領情。

茗芳和俊賢相戀一年多，準備買房子結婚。就在這時，曾跟俊賢戀愛三年卻又無情地棄他遠去的嘉琪突然出現了。

茗芳原以為自己陽光般的愛，可以使俊賢心中不會再漾起任何漣漪。但茗芳沒想到，嘉琪的重新出現，竟讓俊賢受寵若驚，不知所措。俊賢開始用加班之類的藉口搪塞茗芳，頻頻地去和嘉琪約會。茗芳心裡很難受，但她很愛俊賢，她想看清楚俊賢到底是不是真的愛自己。所以，她一直隱忍不發。

最令茗芳傷心的是，俊賢竟答應和嘉琪一起去日本旅遊。那天，俊賢跟茗芳說：「我明天要去日本出差。」以前只要有空，茗芳總會去機場送他。可是這次他心裡有「鬼」，卻千方百計說服茗芳第二天不要去送……茗芳努力使自己保持平靜，她在日記中寫道：「再給他最後一次機會……」

海南的風景很迷人，但俊賢卻無心欣賞，嘉琪的任性和自私使他特別懷念茗芳的善解人意。俊賢心裡很不是滋味，他開始後悔自己對茗芳的欺騙。

他不敢打電話給茗芳，就隨手把電話撥到了自己家。媽媽告訴俊賢，爸爸這幾天心臟不舒服，茗芳真好，又帶了大包小包來看二老了。媽媽問俊賢：「你是不是欺負茗芳了？昨天我隨口問了一句，接到過你的電話嗎？她眼睛紅紅的，可是她硬說是眼睛不舒服。她還安慰你爸說，她會一直照顧他的。孩子，這樣的女孩不多，你要珍惜啊！」

掛了媽媽的電話，俊賢心裡難過極了。這時，他腦子裡突然冒出的一個想法更讓他難過：看來茗芳是知道這一切的，她只是裝著不知道！那天嘉琪來公司，同事們都看見了；這次自己又用了休假，敏感的茗芳只要打一個電話……俊賢不敢再往下想，只覺得自己要失去茗芳了。

那晚，俊賢想了很多很多，他不會忘記嘉琪離開他時那段灰暗的日子。當時他頹廢到了極點，是茗芳用點點滴滴的關愛，安撫他受傷的心……可自己現在的舉動，是多麼傷茗芳的感情和自尊啊！俊賢覺得自己不能失去茗芳，他要回去請求她的原諒。

在回去的飛機上，對嘉琪提出的種種要求，俊賢果斷地說了「NO!」這是俊賢認識她以來唯一一次說「不」。俊賢知道，這是茗芳給了他勇氣。

重逢的那一刻，茗芳強忍住眼淚，裝出很快樂的樣子，讓俊賢看了很心痛。俊賢懂茗芳的心思，茗芳也懂俊賢的想法，沒有解釋什麼，俊賢只是充滿感激地把茗芳緊緊擁在懷裡。

有人可能覺得茗芳太傻，傻得失去了自尊。但當我們真正愛上一個人的時候，又有誰能驕傲得起來呢？在真愛面前是沒有自尊的。重要的是，茗芳把握住了裝傻的底線，用最後的機會喚回了那個她深愛著的男人的心！

在現實生活中，誰都難免有「走神」的時候，更何況是在誘惑無處不在的今天？在婚姻這種需要一輩子經營的大事上，「一棍子打死」不可取，「姑息養奸」也同樣不明智，但把握住裝傻的底線我們就能給對方機會，也給自己機會。

女人裝傻是男人花心的剋星

夫妻關係也如朋友同事關係一樣，是要經營的。任何一方都不能一味地索取，而要適時地給予。只有相互體諒，相互包容，相互理解，才會讓婚姻之樹常青。精明的女人不一定最有殺傷力，女人只有懂得適時裝傻才叫真正的聰慧。

很多婚姻的破裂都是由於婚外戀造成的。當婚外戀出現時，到底該不該裝傻？這要因人而宜。如果男人已經知錯，且決心改正，那麼妳想要維繫婚姻，就應該給犯錯的他一次機會。

戀人和夫妻之間的撒謊很多時候都是出於善意，為的是不要讓對方誤會。撒謊很浪費腦細胞，也影響心情，之所以這麼費盡心思，完全是因為在乎對方。所以，如果男人對妳撒謊，妳至少還是要慶幸的。而對於他的謊言，妳完全可以假裝無知無覺。

頻蘋的公司正進行某項業務的拓展，因此突然忙了起來，還經常出差。一天，頻蘋身體不舒服，請假到回家。聽到丈夫和一個女孩子說說笑笑開門的聲音。丈夫說：「洗澡去吧！」

頻蘋從臥室走出來，輕聲說：「妳回來了！」丈夫忙回應：「啊？妳怎麼回來了？」然後搓著雙手，清了清嗓子介紹道：「這是我妻子，頻蘋！這位是今年單位新來的小新，家在外地，住在單位宿舍裡。剛好，單位的浴室壞了半個多月，洗不了澡，我一看，讓她來我們家洗洗！」

頻蘋笑了笑，說：「去洗吧！」女孩子用眼神掃了頻蘋一下，然後就進了浴室。時間不長，女孩子洗完出來就走了。丈夫讓頻蘋上床休息，自己下樓買菜做飯，像往常一樣。

剛才的情景一直在頻蘋腦子裡轉，丈夫看似從容自然，但他搓手心清嗓子的動作，明顯透露出一種思索、焦慮和刻意偽裝。他們之間會不會有問題？

飯後，頻蘋心平氣和地對丈夫說：「你的善良我相信，但樂於助人得有個度，更要顧及影響。你一個男人帶女孩子到家裡洗澡，要是我在家還好，如果我不在家，這事情傳出去，可是好說不好聽啊！人家女孩子年齡小、單純、考慮問題不周全，你應該替人家考慮一下！」

丈夫若有所思，之後感激地點點頭。從那以後，丈夫再沒有與那女孩子來往過。一場複雜的家庭紛爭就這樣平靜地過去了。

如果當時頻蘋方寸大亂，發洩憤怒，非要扯下丈夫最後一塊遮羞布。那麼，她最終面對的，可能就是丈夫的憎恨和破碎的婚姻。說不定還落得個「河東獅吼」逼走男人的口實。

男人如果不想離開妳，就一定還有良知和善良。對於明知道妳在裝傻而沒有去斥責他，他是會有感知，會感到有內疚的。人心都是肉長的。女人的裝傻，對於那些僅僅是花心，而依然鍾情於妳、鍾情於家的男人來說，應該是使他浪子回頭的一劑良藥。

所以，女人不要把男人逼得太緊，不要打破砂鍋問到底。因為僅僅發現了些端倪，並沒有確鑿的婚外情證據，所以事情可能並沒有發展到特別嚴重的地步。沒有根據的指責和懷疑都是對男人的不尊重，甚至是人格上的侮辱。女人不妨裝作什麼都沒看出來，並以誠相待，試著給他改正的機會，也給自己一點呼吸的空間。

裝傻，是女性胸懷的體現，是大智若愚的體現，是成熟的體現，更是愛的體現。女人裝傻，也是花心男人的災難和剋星。因為，面對女性的寬容和大度，甚至把淚水咽到肚子裡，任何一個有良知的男人，都不可能不為之動容，不可能不去思考。

但是，「傻」並不是讓妳放任自流，妳一定記得看他日後是如何待妳的。是心存愧疚，還是若無其事？是從此不犯，還是屢屢再犯？如果妳連這些都忽略不計的話，那妳就是真傻。

有的女人出於各種考慮，不管男人怎樣對待她，都抱定不離婚的信念。一味逃避問題，對男人的種種行為佯裝不知。這樣做，只能暫時避開衝突，維持婚姻穩定。雙方都戴著面具生活，男人不會因此感激女人，女人也不會假裝出幸福，婚姻更不會因此而走上正軌。而且，長期壓抑的情緒，會因無法承受而隨時爆發出來。

傻女人能經得起愛的磨合與鍾鍊

月有陰晴圓缺，人有旦夕禍福。人生在世，總有艱難曲折的時候。要記住馬克．吐溫的名言：「在生活的舞台上，學著像個演員那樣感受痛苦。此外，也要像旁觀者那樣對妳的痛苦發出微笑。」

幾乎所有令人唏嘘嘆惋的愛情悲劇的主題都是「相愛卻不能在一起！」不是空間的距離，就是時間的錯位，最極致的是「生死兩茫茫」的陰陽隔絕。而幾乎所有美好童話故事的最後，都是輕描淡寫的一句「王子和公主從此過上了幸福的生活」。於是，我們如釋重負，心滿意足。再也不會去探究王子、公主由驚濤駭浪的冒險故事走入日復一日平淡無奇的生活，是如何幸福的。

真正的愛情顯然不僅僅是分與合那麼簡單的結局。愛的磨合與鍾鍊，散佈在漫長的相處歲月中。如何讓愛一如既往，恐怕是比惡龍、怪獸更難對付的人生考驗。

阿志和別人合夥開了一家餐飲店，合夥的大股東是個離婚的女人。他們合夥開店之後，生意挺好的。但是生意好了，阿志在家的時間也少了，只有上午幾個小時在家，而且在家也是睡覺，一天下來，妻子難得和他說上一句話。

這樣過了幾個月，妻子發現，只要她一去丈夫店裡，就有人悄悄議論著什麼。阿志看到妻子也總是很尷尬的樣子，一個勁催妻子回去。這讓妻子覺得很奇怪。後來，洗碗的阿姨告訴她，好像阿志和女股東關係很好，不明就裡的顧客叫他們老闆、老闆娘，他們也沒有否認。

妻子簡直不敢相信丈夫會這樣背叛她，但畢竟這種事情鬧開了對誰都不好。妻子想了幾次，都沒有下決心和阿志把這事挑開了說。不過，雖然沒有明說，但也不能任由他們發展。阿志平時老是說累，而且還瘦了不少。妻子便找了個機會，帶著他去醫院檢查身體，醫生說是工作壓力太大，人太疲勞了，要注意休息。

妻子正好以此為理由，勸說阿志不要再做下去了。對於阿志和女股東之間的閒言碎語，妻子一個字也沒提。也不知道是醫生的告誡起了作用，還是妻子的寬容讓他不好意思，總之最後，阿志聽了妻子的話。而他們之間的裂痕不動聲色就此彌合了。

婚姻危機「冰凍三尺非一日之寒」。日常生活是平淡而漫長的，愛侶相處久了，來自自身及外界的各種因素，使兩性很容易情感疲憊。它悄無聲息地爬過愛侶心頭，布下濃重陰影，設下危險陷阱，危及著情感的堤壩。

結婚就像建房子，好不容易造造好，本打算住進去舒舒服服過日子，突然又要拆了。搬遷是一件多麼可怕的事情，尤其對於女人來說。這個時候妳要冷靜的對待出現在妳男人身邊的女子。妳的吵鬧，或許會讓她處於弱勢地位，但這樣也會亂了男人的心。男人天生就以強者的身份出現，她的弱會激發男人更多的保護欲。於是很可能，她不費吹灰之力就贏了戰爭。而妳的強，反而使妳處於下風。只有冷靜，冷靜的對待一切，才可能在贏得對手尊重的同時，漂亮的贏回妳的愛，贏回妳的男人！

這是個情感多元化的時代，也是個新新女性的時代。在這個時代沒有誰離不開誰。可是，我們還是如此的傻，實在不是因為我們離不開男人。我們的傻在於，我們願意把青春和一生放在同一個男人身上，願意為他放下天使的翅膀，為他洗手做羹湯，從此做他的女人。

從情感的角度講，那些一出現問題轉身就走的女人永遠是那麼灑脫、漂亮！但從理智上說，這是一種逃避、一種放棄、一種不負責任的行為！如果，情感出現了問題，不去戰爭，不去爭取，那麼很可能會失去第二個，第三個……妳永遠不能保證妳遇見的下一個男人會不一樣，所以這樣的戰爭就永遠不能停止。傻女人身邊不缺男人，但卻願意一心一意的去愛一個男人。

贏回來的婚姻當然彌足珍貴，大家可能更加珍惜。但是，贏不回來，也應該釋然。也許，妳們真的不應該在一起。如果女人一味的「傻」還是不能讓男人的心完全留下，那就放開他，讓他去自己選擇。

在妳心情逐漸得到平復和條件適宜時，妳還可以重新去追求新的愛情。常言道：「天涯何處無芳草。」當妳建立起美滿幸福的家時，就會深深體會到，妳失去的，只是微不足道的愛情。月有陰晴圓缺，人有旦夕禍福。人生在世，總有艱難曲折的時候。要記住馬克．吐溫的名言：「在生活的舞台上，學著像個演員那樣感受痛苦。此外，也要像旁觀者那樣對妳的痛苦發出微笑。」

信任男人是傻女人的聰明所在

愛因斯坦曾說過：「愛情是相互瞭解的別名。離開了彼此的信任，愛情之樹就會乾枯。」婚姻的基石是信任，是彼此的付出，是彼此的責任，是彼此的約束，更是彼此的道義。如果妳缺乏這些，請不要進入婚姻的殿堂。

如果彼此不信任，男女之間的戰鬥，妳能堅持多久？堅持一輩子麼？累不累！更何況，再坦然的人在超市購物也不喜歡給人搜身，男女之間也一樣。古人說：「用人不疑，疑人不用。」愛情亦是如此。

有些女人不但勞碌，而且心思縝密，神經觸覺時刻處在警惕狀態。她們生怕自己做得不夠好，聰明得不夠。丈夫偶爾回家晚一次，她們早在心裡給他安排了上千種的故事情節。回來後，一點解釋不對，就弄得自己神經兮兮，生怕老公外面養花。

而有的女人不懂，也從不研究任何「拴」老公的方法，裝得傻乎乎，什麼都不在意，自信老公跑不丟。老公不用拴，要放手。社會就是大草場，容不得妳不放手，想不放，行嗎？索性放他馳騁。傻女人不會讓可笑的聯想累了兩個人的心，得不償失的是自己。活得快樂，就可以了。老公回來晚了，一句「我好想妳」或者「我好愛妳！」早讓有心外遇的男人心疼不已，乖乖的早一些回到家裡。

女人深愛著男人，就可能事無鉅細，處處為對方著想，詢問他的大事小情和點滴感受。女人以為，這樣就是盡到了責任。然而，過分操心，只會讓男人心煩意亂。他覺得被妳時刻控制，大有窒息之感，由此格外渴望獨處。

看看我們周圍的那些幸福的小女人吧！她們整天麻將、小狗、電視、瓜子，一副憨模樣，「我什麼都不會呀！男人本來就比女人聰明嘛……」是啊！對於一個男人的事業、工作，甚至生活、交友，如果妳什麼也管不了、幫不上，就相信他，由他去。又如何？

一個女人根本不可能約束另外一個人，尤其是一個男人。所以，女人得讓男人自己約束自己。信任，是男人的性格所須。女人要相信男人，給他充分的信任，用妳的信任來約束他。妳信任妳的丈夫，崇拜妳的丈夫，做丈夫的就會自信，甚至感到自豪。哪怕妳是裝的，他都不願去追究。這就是男人的自大。

自大也好，自卑也好。能把男人哄得高興，讓所有為夫者都心甘情願拚命賺錢，養著那個所謂的「傻」女人。這就是「傻」女人的聰明所在。況且，男人為了養傻女人和孩子，只有拚命賺錢，哪還有工夫在外面瞎搞？

女人有些時候神經過敏，很不利於夫妻感情。即使男人過去犯過什麼錯誤，也不要總提老帳，夫妻最忌諱翻舊帳。妳相信男人，也說明妳有自信，相信自己有魅力。如果他是個沒有責任感的男人，妳看著他又有何用？他回家妳看著他，他在外邊妳看得著嗎？弄得他一回家妳就沒好臉色，他還能愛回家嗎？久而久之他就厭煩妳、厭煩家，真的在外邊偷情了。

所以，女人還是傻一點的好。女人的聰明要用在如何愛他上，關心他，體貼他。這樣，男人就對妳產生依戀感，打心眼裡愛妳，喜歡妳，有什麼事情也都會向妳傾訴。

一些女人張口就說：「男人都是騙子！」其實，男人跟女人都是一樣的。值不值得信任不是性別的問題，而是個體的問題。或許現實生活中很多男人不值得去信任，但是這不能代表全部。值不值得去信任，那要看妳敢不敢去信任，要信任，就別去懷疑。

當然，這樣會有風險，有可能使妳受到傷害。但是，妳也有可能獲得妳一生的幸福。付出總會有風險的，做生意都如此，何況是感情。如果妳封閉自己，不再相信任何人，那麼，錯過的將不止是不值得信任的男人，那些值得妳信任的男人也同樣會被妳錯過。

生活就是這樣，是把雙刃劍，有利的一面也有不利的一面。所以，如何取捨，那就需要妳自己定奪了！

女人的「幼稚無知」能激起男人的愛

男人不希望和一個犀利的女人交戰，他們希望女人傻傻地睜著那雙美麗大眼睛，即使有困惑，只須一個吻一句誓言的安撫，立刻釋然。

女人在還是小女孩的時候，在大人們的眼中，是柔弱的。所以大人往往給予女孩更多的關愛。女孩子在這樣的愛護下，更多的充滿了依賴感。女人長大以後這種依賴感表面上減弱了，但還是會時不時的表現出來。

女人大都是「幼稚」的，不管多大的女人，不管是女強人還是小女人，都或多或少的有著幼稚氣。比如在遇到挫折時，女人最開始時是選擇哭泣。女人喜歡依偎在堅實的臂膀中，這樣有安全感和歸屬感。

誰說男人只會喜歡成熟的女人？男人都有些大男子主義，不想女人比自己強，他們會娶個什麼都比自己懂得多的老婆回家？而且，也許是天生父性，當男人面對「幼稚」的女人的時候，內心中總會生出一股夾雜著父愛的複雜情感。看著像小孩子撒嬌的女人，抱著「柔弱」的女人，輕吻著女人嬌小的雙唇，內心都會無限甜蜜。

過於理性、成熟女人大多非常現實。男人和她們在一起，或許能夠暫時滿足心理上的某種須求。但是，多數成熟女人的善解人意背後，總是附帶著太多其他的內容。成熟世故的女人永遠不會僅僅滿足於愛情，風花雪月只是她們生活中的點綴。大部分時間裡，她們會用種種隱性或顯性的方法逼著男人去拚命賺錢、苦心鑽營……她們會給男人的肩上有意地壓起無數的重擔。因為她們相信，理想的生活需要用經濟、權力等東西作為後盾來維持。也許在疲倦了的時候，男人會躺在成熟女人的懷裡讓自己休息，但最終他們的心情還是無法真正放鬆。

「幼稚」的女人就不同，「幼稚」的女人像精靈，她少了許多成年人的世故，多了幾分年少的單純。只要男人給她一顆不變的心，她就不會苛求許多。她也許會經常發些小脾氣，但她卻不會記著這些不開心，「小孩子」哪會記著那麼多的不開心呢？歡笑是她生活的主旋律，和她在一起，生活也會變得晴朗，陰鬱的內心也會被她的笑聲所喚醒。男人抱著這樣的女人，感覺是那麼充實；男人牽著她的小手內心會是那麼溫暖。雖然，生活同樣會讓男人覺得很累，不過為了讓自己和心愛的女人能夠過得更好，累也很快樂，是男人心甘情願的，它絕對與在世故女人面前的那種身心都疲憊不一樣。

在愛情中的女人可能會更多的表現這種「幼稚」。因為這種幼稚是對付男人強有力的「武器」。當女人做錯事的時候，「幼稚」的女人面對著沉著臉的男人，兩眼淚光閃現，一臉楚楚，再兇的男人這時想兇恐怕也兇不起來了，更多的怕是在想如何安慰了。女人像孩子一樣生氣，嘟著小嘴就是不說話，左勸不理，右求不應，真是叫天天不應，叫地地不靈。可是，男人剛一轉身，傻女卻「噗哧」一笑投到他的懷裡。這時男人是哭還是笑呢？

「幼稚」的女人充滿了求知欲，像小孩子一樣無知，對什麼都好奇。無知有什麼不好呢？孩子可以無知，大人也可以無知。孩子的無知讓人覺得可愛，大人在小孩面前裝無知，能夠親近這個小孩。

一個成功男人在他的年老父親面前裝無知，一定是孝順。而老爺爺在兒孫面前裝無知表達著慈愛。兒子在老子面前的無知是無法掩飾的，學生在老師面前的無知是無須掩飾的。他們的無知，恰會激起強烈的求知欲望，變成無堅不摧，戰無不勝的力量，並且去熱切關注身邊的無數的未知數，破解無數的迷團。

同樣的，一個女人在一個男人面前裝無知，也能夠得到男人的關照。

請試著想一想，男人可以看著心愛的女人，在自己無微不至的呵護下一點點長大，該是件多麼幸福的事。所以，男人那份寶貴的自尊，大約只在幼稚女人那裡才能夠保持完整。

不過，太傻太笨的女人，什麼事情都要依賴男人。戀愛時候，男人可能會滿心歡喜。那讓他有了表現的機會，更證明了他的大男人的能力。可是結婚後，妳再試試。事無鉅細樣樣都來請教男人，開始時可能會有點耐心，天長日久，男人不煩惱那才真叫奇怪！

有人說：「無知會毀滅一個國家、一個民族，同樣也可以成全一個種族。無知能造就一個戰士、一個英雄。」所以，無知的人並不可恥，因為它正預示著力量；無知的人並不真的愚笨，因為那是一種豁達和寬容。無知的人並不真的無知，只有不知道自己真的很無知的人，才真的無知。

真正聰明的女人大智若愚

真正聰明的女人總是大智若愚。該聰明時聰明，該裝傻時絕不能含糊。揣著明白裝糊塗的效果，一定會比妳一語道破男人的小把戲與小伎倆效果要好得多。

男人如果移情別戀，或者雖沒有實際行動，但卻有了那方面的花花腸子。這對於女人來說，是個不小的難題。但是，女人的裝傻往往能將男人的偷情扼殺在搖籃裡。

比如，妳的他這段時間經常和某個女的出去打網球。這時，妳就要趕緊去買一套網球服和球拍。在他將要出門時說：親愛的，我也去。其實自己連網球都接不起來，更掄不動沉重的球拍。但妳一定要努力，讓自己累出一身臭汗，要他給妳擦汗，給妳買可樂，或者是坐在地上，撒嬌說走不動了，讓他背著妳回家。這樣不就把問題解決了嗎？

女人，對於感情，就是再聰明。又有什麼用呢？所以，女人要懂得裝傻，要不時利用「傻」去迷惑男人，對付男人！男人是妳手中的風箏，妳喜歡放他飛得高點，他就飛得高點。妳喜歡把線收得緊點，他就離妳近點。總之，線上不斷的基礎上，他永遠飛不出妳的五指山。不管男人女人，都喜歡追求美好的新鮮事物。女人不也喜歡看帥哥嗎？所以，不管怎麼做，只要他的心始終能回到妳身邊，不就可以了嗎？

真正聰明的女人是大智若愚的代表。應該聰明時聰明，應該裝傻時絕不能含糊。揣著明白裝糊塗的效果，一定會比妳一語道破男人的小把戲與小伎倆效果要好得多。

如果妳發現男人在妳面前裝腔作勢，或謊話連篇。妳就要表現出傻的一面，慢慢地瞭解他說謊的原由。如果是無傷大雅，或是善意而為之，也就作罷。如果他有其他的目的，妳就要積攢在一起，不露聲色地旁敲側擊。讓男人知道妳並不是真的笨，只是裝傻而已。時間久了，相信男人也不會輕易欺騙妳了。因為他知道，他很難欺騙得了妳。

不過，當愛來得及回頭，應當盡力挽留；但如果男人真的鐵了心，那女人就該當斷則斷，別去強求一份逝去或變質的愛。女人也不必尋死覓活。因為，那樣既自落身價又於事無補，而且也只能換來男人對妳的不屑和厭惡。也許，這種結局令妳痛不欲生，但既然大勢已去，何不瀟灑揮手道別呢？

好聚好散，灑脫地對那個男人說：「我想，我倆並非無緣，只是緣淺吧。既然如今緣分已盡，我還能再說什麼呢？」

如果妳實在擠不出笑容，也說不出任何官場話。那麼，什麼都不必說，轉身離開吧！或許對方已不愛妳了，可是妳的灑脫和風度，將在對方心中留下永不磨滅的美麗。

莊子說：「相濡以沫，不若相忘於江湖。」對於這段話的解釋後人有多種版本。至於莊子的原意，也許只有莊子自己明白，即使專家的解釋也不是權威的。對於愛著的人們而言，坦然的接受事物的發展規律，似乎更能接近莊子的原意。

有些東西，不是刻意的，刻意的東西，常常是違反規律的。承認規律，接受現實才是一種最豁達的態度，包括對待感情。

那個發誓將負心的丈夫送上斷頭台的秦香蓮何其的可悲！如果有一天妳曾經的愛人不再愛妳，那麼，無論妳付出多少都請輕輕放下，不要傷及任何人。妳也許會很不明白為何如此。其實，愛的流失不會是一朝一夕，也不可能只是他的錯。將愛放下，不是摔碎，是最明智的選擇。女人一定要明白，當愛遠去時，那個他已不會再保護妳，妳用箭去傷他只會讓妳的傷更痛。不妨輕聲道別，轉過身永遠別回頭。

女人哄哄男人又何妨？

女人如果鋒芒畢露，聰明而個性強，衝突暴發的時候，得理就不饒人，沒理還講得出七分理來，沒有幾個男人受得了。別說是相貌平常，就算是傾國傾城，男人終究也心有不甘。

女人該不該哄男人？女人始終認為，男人應該心胸開闊，男人應該宰相肚裡能撐船，男人應該是大海，是天空，是宇宙。不管事情是誰對誰錯，男人都應該向女人低頭，讓女人由陰轉晴。男人就該這麼累著，誰讓妳生下來就是男人呢？老天爺的旨意可是沒有辦法違背的！

大家都知道，女人喜歡讓男人哄，而且是非常好哄的。男人一道歉，女人心裡就樂開了花，也許表面還在彆扭，可心裡早就舒暢了。不過，這需要男人有耐心。而男人，偏偏不是有耐心的動物。他可能費了好大的勁才決定低頭去哄女人，女人不領情，男人就不願意再深入下去了。他也火了，本來就是妳不講道理，還得人家來哄妳，哄妳妳還更來勁了！就不哄妳了，就不慣妳這毛病了，愛哭哭，愛鬧鬧，愛咋咋地，隨妳的便！

殊不知，這個時候，女人只不過想多聽男人幾句好聽話而已。可是男人一副死豬不怕開水燙的樣子，真叫氣人！於是，冷戰開始了。女人不自覺將與男人的衝突理解成一場拔河比賽，誰主動？誰發號施令？總之，這場對峙中，我絕對要占上風。

可是，當妳有機會站定腳跟回味一下妳們的比賽時，妳會發現，雖然妳加油的嗓門比誰都大，卻沒占到什麼便宜。男人還是抓著繩子，使著性子，一點沒有要繳械投降的意思。

所以，不防換一種方式對待那個和自己冷戰而生氣的人。自己告訴自己，自己真的很傻，試著去哄哄男人。也許妳會想，如果我示弱，他的氣焰更囂張，還不把他「慣壞了」？

其實，如果妳稍微嘗試就會發現，在他用力正酣時，妳突然來個「大撒手」，妳的男人絕對招架不住。這個時候，妳攙扶起揉著屁股、滿臉不解的男人，他的目光絕對是無比溫柔、無比乖巧的。

有時男人像個小孩，需要哄；有時他又大男人，妳又需要順。女人在他耳邊嗲著嗓子說：「老公，妳最好了！」很容易就讓他心花怒放。效果比為他洗十雙襪子還管用呢！

看著他從生氣到開心，從開心到雀躍，從雀躍到更愛妳。在這個過程中，自己是導演，他是演員，而自己又是最快樂的觀眾。作為女人，偶爾裝裝傻，換來和諧幸福的生活，又何樂而不為呢？這就是為什麼傻傻的女人總能找到甜蜜的愛情的原因。她們看著迷迷糊糊，其實她們才是聰明的女人。

女人裝傻去哄男人其實並不是在討好男人，而是在追求一種平衡。有句話是這麼講的：男人統治這個世界，最終還是女人統治男人。所以，聰明的女人絕不是和男人硬拚的女人。因為，從各個方面來講，硬拚是一種盲目，也是極度不明智的做法。男人是鋼，方法對了，女人還不是把他變成繞指柔？

其實，哄別人的人更有掌控性，也就是說更有操控局面的能力。我不哄妳，妳就冷著；我哄了妳，把妳哄好，我們之間到底以一種什麼樣的狀態存在，這種局面由我而定！我想冷著咱就冷著，該幹嘛幹嘛！不想冷著，想緩解，我就哄妳，不把妳哄好，我誓不甘休！這樣看來，哄別人的人其實更聰明，更理智，也更顧大局。做大事者基本上是拿得起放得下的。哄別人的人具備這樣的素質！也許是妳的錯，我放低姿態去哄妳，姿態低了，但位置高了！

哄別人的人和被哄的人，哪個站得更高一些？

裝傻就是讓他飛，但要把握好自己手中的線

駙夫就好比放風箏，線長了怕斷，線緊了又怕他飛不高。裝傻就是讓他飛，但要在自己的掌控之中。這樣，婚姻才能經營到最佳狀態，像兩塊處於最佳位置的磁鐵，既相互吸引，又不相互碰撞。

有一句話說得經典：結婚前睜大雙眼，結婚後睜一隻眼，閉一隻眼。這句話淺顯易懂。結婚前尋找另一半要睜大眼睛，洞察秋毫。結婚後要閉一隻眼睛，裝糊塗。

「如果他（她）還願意瞞妳的話，證明他（她）還是很在乎妳的。」這是現代人在婚姻狀態下，面對戀人的出軌時善意的開解。正如最近流行的一個手機段子：「我們要天天思念，但不要天天相見。我負責美麗妖豔，妳負責努力賺錢。妳可以和別人相戀，但不要讓我發現。若被我發現，哼，耗子藥煮面！」這不是現代人的要求怎麼這麼低的問題，而是現代人在感情氾濫情況下，善待自己的一種選擇。

女人呀，偶爾必要的時候傻一下，興許能夠平息一場風波，化險為夷；興許能夠挽回一個家庭，拉回一顆游離的心。

女人對婚姻的預期往往高於婚姻本身，所以無法接受婚姻中出現的問題。其實，正如每個人身上都有缺點，但這並不妨礙我們追求美好的熱情和勇氣。

面對錯綜複雜的情感生活，面對朝不保夕的婚姻關係，女人更加應該領會裝傻的內涵。英雄以謀得天下，「不戰而屈人之兵」乃上上策也！裝傻！有目的的裝傻，給男人點空間，他會永遠屬於妳的！當然，這需要勇氣、信心和胸懷。

不過，女人委屈裝傻，也要看妳的男人是個什麼本性。如果他基本做到了愛妳愛家，那麼，偶然的謊言、偶爾的胡思亂想是可以原諒的。妳心知肚明即可，用點女人的小花招、小計謀、小心思或者學點愛情保鮮術就可以把男人拉回自己身邊；如果那個男人謊言比實話還多，身邊總有可疑的女人，並且從不知反省悔改，這樣的男人妳跟不跟他過都是個問題，還對他裝什麼傻呢？弄個水落石出，鬧個天翻地覆，也沒人說妳是潑婦。

不少在婚姻裡裝傻的女人，明知道男人的心思不在自己身上，但是她們選擇了沉默或者「裝傻」。她們一如既往地做著賢妻良母，以為寬宏大度就可以挽回男人的心。但她們裝傻的最終後果卻是被男人的變本加厲、為所欲為徹底弄傻了。

裝傻要有底線，只要婚姻的大方向沒錯，其他細節上的東西沒必要追究。這就需要女人瞭解身邊的男人，對他的秉性、情感、欲望了然於胸，這樣才能做到進退自如。

女人裝傻裝得多了就是放縱，男人就會將計就計，裝傻就成了真傻。修養不到，千萬不可裝傻，因為這種狀況根本沒法拿捏。裝傻的女人有累死的、也有傻死的，換來的只是老公敷衍式的不離不棄。如果男人幾句好話，隨便哄哄，妳就對他生死追隨，那他要是真刀真槍的花了心，妳該怎麼辦？所以說，女人裝傻可以，但不該裝的時候，是萬萬不能裝的。

小測試

妳是善解人意的好女人嗎？

男人靠征服世界去征服女人，女人靠征服男人來征服世界。而在征服男人的隊伍中，數「善解人意」者「法術」最高。也許男人還沒有表達，她們就知道是怎麼回事了。

她們靜靜地進入男人的視線，聽著男人的廢話，靜靜地點頭，靜靜地點菸倒酒，然後靜靜地「不戰而屈你的心」；她們「輕輕地揮揮手，不帶走一片雲彩」只帶走男人的一片癡心。

這就是「法術」！

那麼，妳是善解人意的好女人嗎？妳是丈夫眼中的好妻子嗎？那就選出一個最接近自己日常言行的答案吧：

一．假如丈夫最近工作特別忙而忘記了妳們的結婚紀念日

A．有些失落，但會和他協商把原定計劃延後

B．提醒他，讓他為這一天作好準備

C．把丈夫責備一陣，抱怨他只顧工作不顧家

二．節日時妳送給丈夫一條領帶，可是他偏不喜歡

A．雖然有些失望，但可以再去商店換一條

B．認為自己的鑒賞力比他好，盡力讓他接受

C．很生氣，以後再也不給他買東西了

三．最近丈夫回家很晚，有時心不在焉又易於發脾氣

A．和他進行一次傾心交談，並進行幫助

B．想方設法地檢查他是否有了其他的想法

C．警告他不要再這樣，我工作也很累

四．當丈夫被某種事情糾纏住，自己不願或不便去解決想求助妳時

A．妳會在他還沒開口時就去把那件事辦妥，過後就當沒發生過那件事一樣

B．等他求妳才會去解決

C．他自己的事讓他自己去解決

五．妳發現丈夫濃密的頭髮變得稀疏或禿頂時

A．說這毫不影響外表，可暗地悄悄向醫生請教怎麼辦

B．要他自己去醫院諮詢

C．爭吵時借此含沙射影挖苦侮辱他

六．當自己的丈夫在最近的工作中做出了突出的表現，或做了值得稱讚的真正的男子漢行為時，妳會怎樣評價他

A．對他的表現做出很高的評價和讚賞，並且是真心的

B．他值得受獎

C．認為這只不過是偶然的事情，不值得大驚小怪

七．假如某件事妳知道丈夫對妳撒了謊

A．心平氣和地告訴已經知道他撒了謊，並告訴他其實自己很信任他

B．做出根本不知道他撒謊的樣子，但心裡很難受

C．很氣憤，責問他為什麼對自己撒謊

八．最近這段時間丈夫對妳表示格外親熱

A．對他也報以格外的溫存

B．心裡猜測他是不是做了什麼錯事

C．趁機要求他買給妳一直想要的那件時髦的衣服

九．早晨上班時他上衣的紐扣掉了，而回家時紐扣又縫上了

A．會因為紐扣不是自己縫上的而不自在

B．開玩笑似的讓他把這件事講清楚

C．對這類小事不予理會

十．假如聚會時，丈夫向另一個女人獻殷勤時

A．努力使這事化成笑談

B．做出一副不在乎的樣子，回到家裡再力求弄清他倆的關係

C．當場讓他難堪

計分方法

選擇A得一分；選擇B得二分；選擇C得三分。

計算總分，然後對照下面的測試結果：

測試結果

分數在十五分以下：

妳善良、溫柔、體貼人，深懂丈夫心裡所想，並深愛著他。妳對感情很有分寸，善於維護家庭的和睦、安寧，善於保持夫妻間的互相信任。當妳的丈夫發現妳如此動人的優點，他會更加珍愛妳，妳是一個好女人，是男性最渴望的伴侶。

分數在十五—二十五之間：

其實內心深處妳是很愛他的，想和他白頭到老。可是當他有不合妳意的行為，妳又會忍不住聲嚴色厲，並且經常平白無故或為了防患未然就斥責他。再深的感情也抵不過這種挑剔的衝擊，妳這種柔中帶刺的性格會讓妳覺得生活不完美，丈夫不完美。檢討一下自己以往的所做吧，妳會發現如果用另外一種方式解決妳會很開心，妳的家庭會更和睦，妳的丈夫也會更加愛妳。

分數在二十五分以上：

在很多時候，妳都會我行我素，固執己見，甚至不顧理智。在擔當妻子的角色時，妳有些專橫，妳可能把丈夫當成自己的私有財產，想要他對妳言聽計從。作為妻子的妳應該多從丈夫的角度為他考慮考慮，在給他寬容時也給自己一點空間。從現在就開始吧，妳會收穫到意想不到的甜美果實！

世界菁英

01	拿破崙全傳：世界在我的馬背上	艾米爾路德維希	定價：320元
02	曼德拉傳：風雨中的自由鬥士	謝東	定價：350元
03	朴槿惠傳：只要不絕望，就會有希望	吳碩	定價：350元
04	柴契爾夫人傳：英國政壇鐵娘子	穆青	定價：350元
05	梅克爾傳：德國第一位女總理	王強	定價：350元
06	普京傳：還你一個奇蹟般的俄羅斯	謝東	定價：420元
07	制霸：李嘉誠和他的年代	艾伯特	定價：320元

職場生活

01	公司就是我的家	王寶瑩	定價：240元
02	改變一生的156個小習慣	憨氏	定價：230元
03	職場新人教戰手冊	魏一龍	定價：240元
04	面試聖經	RockForward	定價：350元
05	世界頂級CEO的商道智慧	葉光森劉紅強	定價：280元
06	在公司這些事，沒有人會教你	魏成晉	定價：230元
07	上學時不知，畢業後要懂	賈宇	定價：260元
08	在公司這樣做討人喜歡	大川修一	定價：250元
09	一流人絕不做二流事	陳宏威	定價：260元
10	聰明女孩的職場聖經	李娜	定價：220元
11	像貓一樣生活，像狗一樣工作	任悅	定價：320元
12	小業務創大財富—直銷致富	鄭鴻	定價：240元
13	跑業務的第一本SalesKey	趙建國	定價：240元
14	直銷寓言--激勵自己再次奮發的寓言故事	鄭鴻	定價：240元
15	日本經營之神松下幸之助的經營智慧	大川修一	定價：220元
16	世界推銷大師實戰實錄	大川修一	定價：240元
17	上班那檔事--職場中的讀心術	劉鵬飛	定價：280元
18	一切成功始於銷售	鄭鴻	定價：240元
19	職來職往--如何找份好工作	耿文國	定價：250元
20	世界上最偉大的推銷員	曼尼斯	定價：240元
21	畢業5年決定你一生的成敗	賈司丁	定價：260元
22	我富有，因為我這麼做	張俊杰	定價：260元

23	搞定自己搞定別人	張家名	定價：260元
24	銷售攻心術	王擁軍	定價：220元
25	給大學生的10項建議： 祖克柏創業心得分享	張樂	定價：300元
26	給菁英的24堂心理課	李娜	定價：280元
27	20幾歲定好位；30幾歲有地位	姜文波	定價：280元
28	不怕被拒絕：銷售新人成長雞湯	鄭鴻	定價：280元
29	我富有，因為我這麼做－II	張俊杰	定價：240元
30	除了自己，沒人能宣告你的失敗	秦漢唐	定價：280元

身心靈成長

01	心靈導師帶來的36堂靈性覺醒課	姜波	定價：300元
02	內向革命-心靈導師A.H.阿瑪斯的心靈語錄	姜波	定價：280元
03	生死講座——與智者一起聊生死	姜波	定價：280元
04	圓滿人生不等待	姜波	定價：240元
05	看得開放得下——本煥長老最後的啟示	淨因	定價：300元
06	安頓身心--喚醒內心最美好的感覺	麥克羅	定價：280元
07	捨不得 捨得是一種用金錢買不到的獲得	檸檬公爵	定價：260元
08	放不開--你為什麼不想放過自己？	檸檬公爵	定價：260元
09	快樂悲傷選邊站	方向乾	定價：280元
09	夫妻禪話	果偉居士	定價：210元

經典中的感悟

01	莊子的人生64個感悟	秦漢唐	定價：280元
02	孫子的人生64個感悟	秦漢唐	定價：280元
03	三國演義的人生64個感悟	秦漢唐	定價：280元
04	菜根譚的人生88個感悟	秦漢唐	定價：280元
05	心經的人生88個感悟	秦漢唐	定價：280元
06	易經的人生64個感悟	秦漢唐	定價：300元
07	道德經的人生64個感悟	秦漢唐	定價：300元
08	論語的人生64個感悟	秦漢唐	定價：300元

國家圖書館出版品預行編目資料

聽明女人會裝傻 : 柔化 編著
-- 一版. -- 臺北市：廣達文化, 2016. 04
面 ; 公分. -- （女性新主張：01）
ISBN 978-957-713-578-0(平裝)
1.兩性關係 2.女性 3.生活指導

544.7 105005180

聰明女人會裝傻

榮譽出版：文經閣

叢書別：女性新主張 01

作者： 柔化 編著
出版者：廣達文化事業有限公司
Quanta Association Cultural Enterprises Co. Ltd
發行所：臺北市信義區中坡南路 287 號 4 樓
電話：27283588　傳真：27264126　　E-mail：*siraviko@seed.net.tw*

印　刷：卡樂印刷排版公司　　裝　訂：秉成裝訂有限公司

代理行銷：創智文化有限公司
23674 新北市土城區忠承路 89 號 6 樓　電話：02-2268-3489　傳真：02-2269-6560

CVS 代理：美璟文化有限公司
電話：02-27239968　傳真：27239668

一版一刷：2016 年 4 月

定　價：260 元

書山有路勤爲逕
學海無涯苦作舟

書山有路勤為徑
學海無涯苦作舟